cuisinemin

by marab

petits plats végétariens

cuisineminute
by marabout

petits plats végétariens

Recettes de Sunil Vijayakar

À table en :

10 MINUTES 20 MINUTES 30 MINUTES

Publié pour la première fois en Grande-Bretagne en 2012 par Hamlyn,
département d'Octopus Publishing Group Ltd sous le titre *Vegetarian*

Recettes de Sunil Vijayakar
Copyright © Octopus Publishing Group Ltd 2012

Copyright © Hachette Livre (Marabout) 2012 pour la traduction
et l'adaptation françaises

Traduction et adaptation : Florence Raffy
Mise en pages : Les PAOistes
Relecture-correction : Dominique Montembault
Suivi éditorial : Natacha Kotchetkova

Pour l'éditeur, le principe est d'utiliser des papiers composés de fibres naturelles,
renouvelables, recyclables et fabriquées à partir de bois issus de forêts qui adoptent
un système d'aménagement durable.

En outre, l'éditeur attend de ses fournisseurs de papier qu'ils s'inscrivent dans
une démarche de certification environnementale reconnue.

Vous devez préchauffer le four à la température indiquée. Si vous utilisez un four
à chaleur tournante, respectez les instructions du fabricant pour adapter la durée
et la température de cuisson en conséquence. Le gril du four doit également être
préchauffé.

Cet ouvrage contient des recettes réalisées avec des oléagineux. Les personnes
présentant une allergie aux noix ou autres oléagineux doivent remplacer ces ingrédients.
Les personnes les plus vulnérables, notamment les femmes enceintes ou allaitantes,
les malades, les personnes âgées, les bébés et les jeunes enfants, doivent éviter
de consommer des oléagineux.

Il est également conseillé de lire la composition des produits industriels pour vérifier
s'ils contiennent des traces d'oléagineux.

Certaines de nos recettes contiennent des œufs crus ou à peine cuits. Il est déconseillé
aux personnes les plus vulnérables, notamment les femmes enceintes ou allaitantes,
les malades, les personnes âgées, les bébés et les jeunes enfants, de consommer
des œufs crus ou à peine cuits.

Sommaire

Introduction
30 20 10 – rapide, très rapide, ultrarapide

Ce livre vous permet de découvrir une nouvelle façon
de planifier vos repas et vous propose un classement
original pour choisir une recette en fonction du temps dont
vous disposez pour cuisiner. Vous trouverez ainsi 360 recettes
qui ne manqueront pas de vous inspirer et de vous motiver
pour cuisiner tous les jours. Elles sont toutes réalisables
en 30 minutes au maximum, 20 minutes ou 10 minutes
à peine ! Vous pourrez facilement en essayer une
nouvelle chaque soir et vous vous constituerez
rapidement une liste de recettes variées
et adaptées à vos besoins.

Comment ça marche ?

Les recettes sont classées par temps de préparation
au début de chaque chapitre.

La recette principale est présentée en haut de la page,
accompagnée d'une photo, et deux recettes aux
saveurs comparables sont proposées en dessous,
avec des temps de préparation différents.

Chaque recette de ce livre peut être cuisinée de 3 façons : en 30 minutes, en 20 minutes ou en 10 minutes pour une version ultrarapide. Parcourez les 360 délicieuses recettes, trouvez celle qui vous donne envie et cuisinez la version qui correspond au temps dont vous disposez.

Une recette similaire en moins de temps

Si vous avez apprécié un plat, vous pouvez aussi essayer les variantes proposées. Par exemple, si les Raviolis aux patates douces, tomates et roquette (page 190) en 20 minutes vous ont plu, mais que vous n'avez que 10 minutes devant vous, vous saurez préparer une recette similaire en moins de temps.

Des saveurs à décliner selon 3 variantes

Si vous aimez les saveurs des Nouilles udon sautées aux asperges (page 218) en 10 minutes, pourquoi ne pas essayer une recette plus consistante de Soupe aux nouilles udon, asperges et fèves de soja en 20 minutes ou une version plus élaborée comme les Crêpes de nouilles udon aux asperges grillées ?

Des suggestions thématiques

Si vous êtes en manque d'inspiration, vous trouverez un aperçu rapide des recettes classées par thèmes pages 12 à 19, par exemple Plats uniques ou Petits plats pour enfants.

Alimentation végétarienne équilibrée

Une alimentation équilibrée doit se composer d'une grande quantité de légumes frais, de légumineuses et de céréales complètes. Les protéines animales consommées en excès peuvent se révéler nocives pour la santé et il n'est donc pas étonnant que de nombreuses personnes optent pour une alimentation végétarienne.

Le secret d'une alimentation végétarienne équilibrée est simple : il faut faire la part belle aux céréales complètes (riz, orge, maïs, avoine, millet et sarrasin), aux aliments à base de céréales complètes (pain, pâtes et céréales), aux légumineuses, aux lentilles, aux oléagineux, aux œufs, qui sont riches en protéines, ainsi qu'aux fruits et aux légumes frais. Les produits laitiers doivent être consommés en moindre quantité.

Les glucides complexes sont essentiels dans le cadre d'une alimentation saine et représentent la principale source d'énergie nécessaire au fonctionnement de notre métabolisme. La présence de fibres alimentaires dans les glucides complexes permet de libérer lentement l'énergie, contrairement aux sucres raffinés, qui sont assimilés rapidement par l'organisme et risquent de provoquer une baisse d'énergie plus rapide. Les aliments riches en glucides complexes sont : le pain complet, les pâtes complètes, le riz complet, l'orge, le maïs, le sarrasin, les haricots secs et les bananes.

Une alimentation végétarienne équilibrée doit être riche en fibres car elles contribuent à prévenir les problèmes intestinaux. De plus, les aliments riches en fibres permettent de diminuer le taux de cholestérol. Il est donc conseillé d'inclure les aliments comme les haricots et les pois, les choux, le brocoli, les choux de Bruxelles, l'avoine et le blé entier à presque tous les repas.

Les protéines sont essentielles à la croissance et à la réparation tissulaire, en particulier pour les enfants en pleine croissance et les femmes enceintes. Cependant, notre organisme n'a pas besoin d'une quantité importante de protéines et il est possible de consommer les quantités recommandées de protéines à partir d'aliments qui ne sont pas d'origine animale. Les bonnes sources de protéines végétales sont les fruits à coque, les graines, les légumineuses, les produits au soja, les pois, les haricots, les pois chiches et les lentilles.

Techniques et conseils

La cuisine créative n'est pas seulement réservée aux personnes qui ont beaucoup de temps à passer derrière les fourneaux. Les recettes de cet ouvrage peuvent être réalisées rapidement avec des ingrédients végétariens sains et des placards judicieusement remplis.

Vous trouverez au fil des pages de délicieuses recettes végétariennes rapides à préparer, parfaites pour les personnes qui ont un emploi du temps bien chargé. Ces recettes offrent aux cuisiniers végétariens (et non-végétariens aussi) la possibilité de réaliser des recettes créatives en un minimum de temps.

Les condiments, les assaisonnements, les herbes et les épices vous seront d'une aide précieuse pour apporter de nouvelles saveurs, couleurs et textures à votre cuisine. Veillez à ce que vos placards soient bien approvisionnés avant d'entamer votre voyage dans le monde merveilleux de la cuisine végétarienne. Vous trouverez dans la plupart des supermarchés tout ce dont vous avez besoin, mais vous pouvez également vous rendre dans les épiceries exotiques ou dans les épiceries fines pour y trouver des ingrédients plus originaux.

Une cuisine bien équipée vous permettra également de gagner du temps lorsque vous préparez des plats végétariens. Plusieurs casseroles de différentes tailles, une poêle et un wok sont indispensables. Un mortier de qualité vous sera également d'une grande utilité. Une balance de cuisine précise permettra d'obtenir de meilleurs résultats. Et enfin, un robot est l'équipement indispensable pour mélanger et mixer rapidement et facilement.

Ingrédients

Afin de préparer des repas rapidement, il est essentiel de posséder des ingrédients que l'on peut utiliser au quotidien. Un choix varié d'ingrédients permet également de pouvoir préparer davantage de recettes. N'oubliez pas de vérifier régulièrement vos réserves afin de vous réapprovisionner dès qu'elles commencent à diminuer.

Les basiques à avoir dans ses placards

Il est utile d'avoir différentes formes de pâtes sous la main : linguine, spaghettis, papardelles, fusillis, penne et orzo permettent de réaliser la plupart des recettes.

Le riz (basmati, complet, thaï, à risotto et à paella), le boulgour, le couscous, la polenta et le quinoa sont de formidables produits de base qui peuvent être utilisés de différentes façons pour préparer rapidement des plats délicieux.

La farine de blé est indispensable pour confectionner des sauces et des crumbles, et la farine de pois chiches est idéale pour préparer une pâte à beignets épicée.

Les légumineuses à cuisson rapide permettent de se passer du trempage qui était autrefois nécessaire. Les lentilles vertes du Puy, les lentilles corail et les lentilles jaunes entrent dans la réalisation de nombreux plats végétariens. Les légumineuses en conserve sont parfaites pour préparer des repas de dernière minute. Un stock de haricots rouges, de pois chiches, de haricots blancs et de haricots cannellini en conserve vous sera très utile.

Les fruits à coque et les graines sont des aliments sains, complets et délicieux. Ils permettent d'ajouter un petit plus à de nombreux plats, qu'il s'agisse de salades ou de plats sautés au wok. Les graines de tournesol, les graines de sésame, les noix de cajou, les amandes, les pistaches et les noix apportent des nutriments importants aux repas végétariens.

Les tomates pelées et les coulis de tomates sont souvent plus parfumés que les tomates fraîches et sont des ingrédients réellement polyvalents. Ils sont parfaits pour préparer des sauces rapides, des currys et des plats mijotés.

Ayez toujours plusieurs types d'huiles de qualité comme de l'huile d'olive, de l'huile de tournesol et d'autres huiles végétales ainsi que de l'huile de sésame. Les vinaigres jouent un rôle important, alors n'hésitez pas à investir dans du vinaigre de vin rouge, de vin blanc, balsamique, de cidre et de riz. Cela vous permettra de préparer des vinaigrettes et des sauces originales en un rien de temps.

Aromates

Vous n'aurez jamais assez d'herbes et d'épices dans vos placards pour expérimenter toute la gamme des saveurs. La liste est sans fin, mais n'oubliez pas de les acheter en petites quantités et de les utiliser dans les 3 mois qui suivent car leurs arômes s'estompent vite. Un bon stock d'herbes séchées (basilic, thym, origan, estragon, romarin et persil), d'épices entières (graines de cumin, graines de coriandre, graines de moutarde noire, clous de girofle, capsules de cardamome et bâtons de cannelle) et d'épices moulues (cumin, cannelle, coriandre, piment, paprika et curcuma) vous permettra d'ajouter de la profondeur à vos plats. Le sel marin et le poivre noir du moulin apportent également un plus incontestable.

Ayez aussi des réserves de sauces et de condiments pour ajouter une saveur immédiate à vos plats. La sauce soja, la sauce pimentée sucrée, le Tabasco et la sauce Worcestershire sont des produits de base que vous utiliserez sans cesse. Le miel et le sirop d'érable sont des ingrédients utiles pour sucrer vos recettes de manière savoureuse.

Aliments frais

Un réfrigérateur bien rempli vous permettra de préparer des repas végétariens sains et goûteux en un temps record. Le secret est d'acheter des produits frais à intervalles réguliers et seulement ceux que vous utiliserez, pour éviter tout gaspillage. Les pâtes fraîches, le tofu, le fromage, le beurre, le lait, la crème et les œufs sont des basiques très utiles. Vous pouvez également ajouter des citrons et des citrons verts, des piments rouges, du gingembre frais, des oignons nouveaux et des herbes fraîches pour pouvoir préparer rapidement des repas.

Achetez des fruits et des légumes de saison, cultivés localement si possible. Ils seront plus riches en vitamines et auront plus de goût que ceux produits à l'autre bout de la terre ou hors saison. L'ail, les oignons, les pommes de terre, les échalotes, les carottes et autres légumes racines, et la plupart des fruits se conservent quelques jours dans le garde-manger ou sur le plan de travail.

Plats gourmands au fromage

Des recettes qui séduiront les amateurs de fromage.

**Ballotins de chèvre
aux pistaches et au miel** 24

**Fondue de camembert
au miel et aux noix** 36

**Bocconcinis panés
et pesto à l'ail** 52

**Bruschettas
au paneer épicé** 56

**Salade de pastèque, olives,
haricots verts et feta** 100

**Halloumi grillé et salade
de poivrons et roquette** 116

Gratin de chou-fleur 156

**Quesadillas au fromage fumé,
poivrons et épinards** 164

**Crêpes roulées
aux asperges** 180

**Omelette soufflée à l'estragon
et au gruyère** 188

Beignets de halloumi 192

**Soufflés au bleu
et au brocoli** 210

Pâtes et nouilles

Copieux et sains, un bon apport d'énergie garanti !

Salade chaude de pâtes
au brocoli et au citron 94

Salade de tortellinis aux poivrons
et aux champignons 102

Risonis aux courgettes 128

Salade de pâtes aux épinards
et aux tomates cerises 140

Linguine au pesto de chou vert
frisé et au pecorino 144

Pâtes aux asperges, aux
haricots verts et au pesto 148

Rigatonis aux tomates fraîches,
piment, ail et basilic 152

Papardelles aux tomates
et à l'aubergine 160

Salade de nouilles soba
à la japonaise 168

Salade de tortellinis, poivrons
grillés et roquette 170

Tagliatelles au potiron
et à la sauge 184

Raviolis aux patates douces,
tomates et roquette 190

Plats uniques

Pour un bon plat complet en peu de temps.

Tortilla aux épinards
et aux pommes de terre 50

Soupe aux champignons 74

Soupe asiatique au riz,
aux œufs et au pak choi 84

Soupe aux épinards
et aux lentilles corail 86

Omelette à la grecque 130

Chili aux haricots
et aux tomates 146

Œufs aux tomates
et aux poivrons 150

Dhal aux épinards
et aux tomates cerises 154

Nouilles au brocoli et
aux champignons sautés 182

Légumes mijotés
à la malaise 194

Crumble aux haricots blancs
et aux légumes 222

Crumble aux mûres 236

Petits plats pour enfants

Ils vont adorer !

Tortillas au maïs
et aux haricots rouges 40

Croquettes de maïs
et salsa d'avocats 46

Nems aux légumes 62

Pizzas aux légumes grillés 124

Riz sauté aux légumes 158

Tarte aux antipastis
de légumes et au pesto 198

Ratatouille 200

Pancakes aux oignons nouveaux,
à l'aneth et à la ciboulette 212

Tartelettes
au citron meringuées 230

Verrines au yaourt, aux fruits
rouges et au miel 234

Pain perdu aux myrtilles
et aux groseilles 246

Fondue au chocolat 258

Saveurs épicées

Des recettes 100 % cuisine du monde.

Épis de maïs grillés et beurre
à l'aneth et au piment 26

Salade de boulgour aux poivrons
grillés et cœurs de sucrine 30

Beignets d'oignons épicés
et sauce à la menthe 38

Bruschettas aux haricots,
piment, tomate et romarin 42

Soupe épicée aux pommes
de terre et céleris-raves 70

Soupe de maïs épicée
à la jamaïcaine 82

Salade de maïs tex-mex 162

Pad thaï aux légumes 186

Nasi goreng 196

Tofu et légumes sautés
à la sichuanaise 204

Salade d'œufs au curry 224

Ananas caramélisé
au rhum 260

Recettes aux fruits

Nous avons pensé à vos 5 portions de fruits et légumes par jour.

1 Barquettes d'endive,
gorgonzola, poire et noix 28

2 Soupe aux betteraves
et aux pommes 72

3 Salade de pommes de terre
aux fruits 106

2 Salade de moughrabieh
aux poivrons et au citron 110

2 Salade de quinoa,
de courgette et de grenade 118

3 Riz pilaf aux fruits 178

3 Risotto au citron
et aux herbes 216

3 Figues rôties à l'amaretto 232

1 Glace express
aux fruits rouges 248

3 Verrines aux pêches
et aux framboises 254

2 Cubes de pastèque au citron
vert et à la grenadine 268

3 Beignets de bananes au citron
vert et à la noix de coco 274

Envies printanières

Achetez des légumes le plus frais possible et essayez ces recettes.

Œufs à la florentine 32

Soupe de romaine, et de petits pois à l'estragon 76

Gaspacho vert 80

Salade César aux légumes et croûtons à l'ail 92

Salade de riz basmati aux herbes et au concombre 108

Curry vert aux légumes 134

Polenta aux champignons 136

Crêpes gratinées aux champignons 172

Salade de couscous aux légumes grillés 202

Verrines aux fruits rouges 252

Verrines rhubarbe-orange-gingembre 256

Génoise aux fraises 264

Délices d'automne

Un peu de couleurs pour vous remonter le moral.

Rouleaux d'aubergine farcis au yaourt 34

Champignons à l'estragon sur toasts de brioche 44

Minestrone 78

Salade de boulgour aux légumes rôtis à la marocaine 96

Haricots cornilles et poivron rouge mijotés 126

Pâtes aux betteraves 132

Salade de boulgour aux pois chiches 166

Tajine de légumes 206

Aubergines sautées à la harissa 208

Yaourt brûlé aux cerises et à la vanille 238

Fondants au chocolat 240

Minipancakes, glace à la vanille et sauce au chocolat 242

Sur le pouce

Recettes par temps de préparation

30 MINUTES

20 MINUTES

10 MINUTES

Ballotins de chèvre aux pistaches et au miel

Pour 4 personnes

8 feuilles de vigne rincées
  à l'eau froide
beurre fondu pour badigeonner
65 g de pistaches décortiquées
4 petits crottins de chèvre
4 c. à c. de vin blanc

Pour la salade

1 gousse d'ail écrasée
2 c. à s. de vinaigre de cidre
1 c. à s. de miel liquide
6 c. à s. d'huile d'olive
2 poires épépinées
  et coupées en fines tranches
2 petites endives rouges
sel et poivre

- Séchez les feuilles de vigne avec du papier absorbant. Posez 1 feuille de vigne à plat sur le plan de travail et faites chevaucher une autre feuille sur ⅓ de la première. Recommencez avec les autres feuilles pour obtenir 4 paires au total. Badigeonnez-les de beurre fondu et réservez. Hachez les pistaches au robot.

- Badigeonnez les crottins de chèvre avec le reste du beurre fondu et roulez-les dans les pistaches. Posez 1 crottin au centre de chaque paire de feuilles de vigne et arrosez de vin blanc. Rabattez les extrémités des feuilles sur le fromage et fixez-les avec une pique en bois. Posez les crottins sur une plaque de cuisson et faites cuire 12 à 15 minutes dans un four préchauffé à 160 °C.

- Préparez la salade. Mélangez l'ail, le vinaigre, le miel, du sel et du poivre dans un saladier. Versez peu à peu l'huile, tout en remuant. Mélangez délicatement la vinaigrette avec les poires et les feuilles d'endive. Réservez.

- Servez les crottins de chèvre accompagnés de salade. Les feuilles de vigne seront ouvertes à table.

---

10 MINUTES

Tartines grillées chèvre-poire-pistaches Frottez 4 grandes tranches de pain au levain avec 2 gousses d'ail coupées en deux et arrosez-les de 1 c. à s. d'huile d'olive. Coupez 1 poire en fines tranches et disposez-les sur le pain. Parsemez de 100 g de pistaches hachées et ajoutez 2 petits crottins de chèvre coupés en fines tranches. Faites fondre le fromage 2 à 3 minutes sous le gril du four. Servez avec une salade de trévise.

20 MINUTES

Chèvre grillé et salade de poires, trévise et pistaches Coupez 300 g de bûche de fromage de chèvre en grosses tranches. Mélangez les feuilles de 1 cœur de trévise avec 1 c. à s. d'huile d'olive, salez et poivrez. Coupez 2 poires en tranches et disposez-les avec la trévise sur 4 assiettes. Posez les tranches de fromage de chèvre sur une feuille d'aluminium et faites légèrement fondre 2 minutes sous le gril du four préchauffé à température moyenne. Répartissez le fromage sur les assiettes, versez 4 c. à s. d'huile d'olive et 2 c. à s. de vinaigre de cidre. Parsemez 100 g de pistaches hachées sur la salade et ajoutez 1 c. à s. de miel liquide. Servez aussitôt.

Épis de maïs grillés et beurre à l'aneth et au piment

Pour 4 personnes

4 épis de maïs

Pour le beurre à l'aneth et au piment

200 g de beurre ramolli

6 c. à s. d'aneth finement haché

2 piments rouges épépinés et finement hachés

- Mélangez tous les ingrédients du beurre à l'aneth et au piment et réservez.

- Coupez chaque épi de maïs en 3 morceaux égaux. Piquez au centre de chaque morceau une brochette en bois ou en métal. Faites griller le maïs 4 à 5 minutes au barbecue ou dans une poêle-gril en fonte, en les retournant souvent jusqu'à ce qu'ils soient légèrement noircis par endroits.

- Retirez le maïs du feu, badigeonnez-le de beurre et servez aussitôt.

Soupe express au maïs et au piment Mettez 400 g de grains de maïs frais dans une casserole avec 4 oignons nouveaux coupés en tranches, 1 piment rouge épépiné et finement haché, 100 ml de crème épaisse et 500 ml de bouillon de légumes. Portez à ébullition et incorporez 2 c. à s. de coriandre hachée. Servez aussitôt.

Frittata au maïs et aux herbes Battez 6 œufs dans un saladier. Salez et poivrez. Ajoutez 2 c. à s. de coriandre, 2 c. à s. d'aneth et 2 c. à s. de menthe. Faites chauffer 2 c. à s. d'huile d'olive dans une poêle antiadhésive et faites revenir 3 à 4 minutes ½ petit oignon haché, 1 piment rouge épépiné et finement haché, et 2 gousses d'ail écrasées. Ajoutez 400 g de grains de maïs frais et faites sauter 2 à 3 minutes. Versez les œufs et faites cuire 10 minutes à feu moyen. Placez la poêle 4 à 5 minutes sous le gril du four préchauffé à température moyenne pour faire dorer le dessus. Retirez du four, coupez des parts et servez.

10 MINUTES

Barquettes d'endive, gorgonzola, poire et noix

Pour 4 personnes

1 poire mûre épépinée
et coupée en petits dés

2 c. à s. de crème fraîche

65 g de gorgonzola émietté

20 feuilles d'endive ou d'endive
rouge (ou un mélange
des deux)

25 g de noix grillées
et grossièrement hachées

huile d'olive

- Mélangez la poire, la crème fraîche et le gorgonzola dans un petit saladier.

- Disposez les feuilles d'endive sur un plat et déposez un peu de mélange à la poire à la base de chaque feuille.

- Parsemez de noix hachées et arrosez d'un filet d'huile d'olive. Servez.

20 MINUTES

Endives braisées et haricots blancs au gorgonzola Coupez 4 endives en quatre dans la longueur, en les gardant attachées à la base. Faites fondre 100 g de beurre dans une grande poêle, ajoutez les endives et faites cuire 4 à 5 minutes, en les retournant de temps en temps, jusqu'à ce qu'elles soient dorées. Ajoutez 2 poireaux coupés en fines tranches, 400 g de haricots blancs en conserve égouttés, 200 ml de bouillon de légumes chaud, 2 c. à c. de sucre, 100 g de gorgonzola émietté et 4 c. à s. de crème fraîche. Portez à ébullition, couvrez et faites mijoter 6 à 8 minutes. Retournez les endives, augmentez le feu et faites cuire 1 à 2 minutes, jusqu'à ce que les poireaux soient tendres et que la sauce ait épaissi. Servez aussitôt avec du pain de campagne.

30 MINUTES

Gratin de trévise au gorgonzola Retirez les éventuelles feuilles dures ou flétries de 8 cœurs de trévise. Mettez-les dans un plat à four, en les serrant côte à côte. Arrosez-les de 6 c. à s. d'huile d'olive. Salez et poivrez. Ajoutez sur le dessus 100 g de gorgonzola émietté et le jus de 1 citron. Faites cuire 20 minutes dans un four préchauffé à 180 °C. Servez aussitôt dans le plat de cuisson et parsemez de 4 c. à s. de noix grillées hachées avant de servir.

Salade de boulgour aux poivrons grillés et cœurs de sucrine

Pour 4 personnes

200 g de boulgour fin
1 c. à s. de concentré de tomate
le jus de 1 ½ citron
5 c. à s. d'huile d'olive
1 piment rouge finement haché
200 g de poivrons rouges grillés en bocal, égouttés et coupés en dés
8 oignons nouveaux émincés
300 g de tomates coupées en dés
50 g de persil plat grossièrement haché
25 g de feuilles de menthe grossièrement hachées
4 cœurs de sucrine
sel

· Mettez le boulgour dans un saladier et versez 125 ml d'eau chaude. Mélangez, couvrez et laissez gonfler 10 à 15 minutes, jusqu'à ce que les graines du boulgour soient tendres.

· Ajoutez le concentré de tomate, le jus de citron, l'huile d'olive, le piment et un peu de sel. Remuez.

· Ajoutez les poivrons grillés, les oignons nouveaux, les tomates, le persil et la menthe. Remuez bien.

· Disposez les feuilles de sucrine sur les bords d'un plat et placez la salade de boulgour au centre. Utilisez les feuilles de sucrine comme cuillère pour manger la salade.

10 MINUTES

Salade de boulgour aux poivrons rouges grillés et aux légumes marinés Préparez le boulgour comme ci-dessus. Égouttez 200 g d'aubergines, de poivrons rouges et de champignons grillés et marinés dans l'huile. Ajoutez-les au boulgour. Ajoutez ensuite 1 piment rouge haché et 4 c. à s. de persil plat haché. Remuez puis servez.

20 MINUTES

Gratin de poivrons rouges grillés, boulgour et tomates Préparez le boulgour comme ci-dessus et versez-le dans un plat à four moyen avec 200 g de poivrons rouges grillés en bocal, égouttés et coupés en dés. Coupez 4 tomates en tranches et étalez-les sur le boulgour. Parsemez 1 piment rouge finement haché et versez 4 c. à s. d'huile d'olive. Faites cuire 5 minutes sous le gril du four préchauffé à température moyenne. Émiettez 150 g de feta sur le dessus et parsemez de 8 olives noires dénoyautées et hachées. Replacez le plat sous le gril pour 4 à 5 minutes afin de faire dorer la feta. Servez aussitôt.

Œufs à la florentine

Pour 4 personnes

12 asperges vertes pelées

2 c. à s. de beurre + un peu
   pour beurrer les muffins

150 g de pousses d'épinard

1 pincée de noix de muscade râpée

2 muffins anglais

1 c. à s. de vinaigre

4 gros œufs

8 c. à s. de sauce hollandaise
   prête à l'emploi pour servir

sel et poivre

- Faites blanchir les asperges 2 à 3 minutes dans de l'eau bouillante, égouttez-les et réservez-les au chaud.

- Faites fondre le beurre dans une grande poêle et faites cuire les épinards 3 minutes environ. Assaisonnez-les de noix de muscade, de sel et de poivre.

- Coupez les muffins en deux et faites-les griller. Beurrez-les au moment de servir.

- Pour faire pocher les œufs, portez à ébullition une casserole d'eau salée. Ajoutez le vinaigre et baissez le feu à frémissement. Formez un tourbillon à l'aide d'une fourchette et cassez 2 œufs dans l'eau. Faites cuire 3 à 4 minutes puis retirez-les à l'aide d'une écumoire. Recommencez avec les 2 œufs restants.

- Faites chauffer la sauce hollandaise en suivant les instructions de l'emballage.

- Ajoutez les épinards et les œufs pochés sur les muffins, versez la sauce hollandaise. Poivrez et servez chaque muffin accompagné de 3 asperges.

Salade d'asperges et œufs au plat Faites cuire 500 g d'asperges vertes 4 à 5 minutes dans de l'eau bouillante salée. Égouttez-les et mettez-les dans un grand saladier. Ajoutez 4 c. à s. d'huile d'olive sur les asperges, salez et poivrez. Faites cuire 4 œufs au plat dans une poêle 2 à 3 minutes. Répartissez les asperges dans 4 assiettes chaudes. Ajoutez 1 c. à s. de parmesan râpé et 1 œuf au plat sur les asperges par assiette.

Omelette aux épinards et aux asperges Battez 6 œufs avec 12 feuilles de basilic coupées en lanières. Salez et poivrez. Faites chauffer 2 c. à s. d'huile d'olive dans une grande poêle et versez les œufs. Hachez grossièrement 1 grosse poignée de pousses d'épinard et coupez en morceaux 12 pointes d'asperges vertes et 1 tomate, puis répartissez-les de manière uniforme sur les œufs. Faites cuire l'omelette 6 à 8 minutes, sans remuer. Glissez-la sous le gril du four préchauffé à température moyenne pour 3 à 4 minutes, afin de faire dorer le dessus. Coupez l'omelette en parts et servez-la avec une salade verte.

Rouleaux d'aubergine farcis au yaourt

Pour 4 personnes

1 gousse d'ail écrasée

3 c. à s. de yaourt à la grecque

200 g de feta émiettée

6 c. à s. de feuilles d'origan
   finement hachées

2 aubergines

huile d'olive pour badigeonner
   et arroser

50 g de tomates séchées à l'huile

quelques feuilles de basilic

sel et poivre

- Dans un saladier, mélangez l'ail, le yaourt, la feta et l'origan. Salez et poivrez. Réservez.

- Coupez les aubergines en tranches de 5 mm d'épaisseur. Faites chauffer une poêle-gril à feu vif et badigeonnez les tranches d'aubergine d'un peu d'huile d'olive. Faites griller les aubergines des 2 côtés, jusqu'à ce qu'elles soient quadrillées et tendres.

- Étalez sur chaque tranche d'aubergine le mélange au yaourt, puis ajoutez 1 feuille de basilic et 1 tomate séchée sur le dessus. Roulez les tranches d'aubergine, décorez de feuilles de basilic, arrosez d'un peu d'huile d'olive et servez.

Rouleaux de courgette farcis
Remplacez les aubergines par 2 grosses courgettes et faites-les griller comme ci-dessus. Remplacez l'origan par des feuilles de menthe hachées et les tomates séchées par 50 g de poivrons rouges grillés en bocal, coupés en lanières. Décorez de feuilles de menthe.

Salade d'aubergine, feta et couscous Faites griller les aubergines comme ci-dessus. Mettez 150 g de couscous dans un saladier et ajoutez de l'eau bouillante à hauteur. Couvrez et laissez gonfler 10 minutes. Coupez l'aubergine en morceaux de la taille d'une bouchée et mettez-les dans le saladier avec le couscous, 50 g de tomates séchées, 1 petite poignée de feuilles de basilic et 200 g de feta coupée en dés. Ajoutez 3 c. à s. d'huile d'olive et servez à température ambiante.

20 MINUTES

Fondue de camembert au miel et aux noix

Pour 4 personnes

1 camembert dans une boîte en bois

6 cerneaux de noix grossièrement hachés

2 c. à s. de thym + quelques brins pour décorer

2 c. à s. de miel liquide

pain de campagne et crudités pour servir

- Sortez le camembert de sa boîte et retirez l'emballage en papier ou en plastique qui l'entoure. Découpez le sommet pour former un couvercle et remettez le camembert dans sa boîte.

- Parsemez le dessus du camembert de noix et de thym, puis arrosez de miel.

- Replacez la partie supérieure découpée sur le camembert et enfournez la boîte pour 5 à 10 minutes dans un four préchauffé à 220 °C. Le camembert est prêt lorsque l'intérieur est bien coulant.

- Décorez de brins de thym et servez chaud avec du pain de campagne et des crudités.

10 MINUTES

Sandwichs au camembert, noix et tomate grillée

Faites griller 4 grandes tranches de pain au levain et étalez 1 c. à c. de moutarde de Dijon sur chaque tranche. Coupez 2 tomates roma en tranches et placez-les sur la moutarde. Ajoutez 2 tranches de camembert sur chaque tranche de pain et mettez-les 2 à 3 minutes sous le gril du four préchauffé à température moyenne, jusqu'à ce que le fromage commence à fondre. Ajoutez 2 c. à s. de noix hachées et servez avec une salade.

30 MINUTES

Penne au camembert

et aux noix Faites cuire 375 g de penne en suivant les instructions de l'emballage. Égouttez-les et réservez-les au chaud. Émincez 2 gousses d'ail et 4 oignons nouveaux. Faites chauffer 1 c. à s. d'huile d'olive dans une grande poêle et faites revenir les oignons et l'ail 1 à 2 minutes. Ajoutez 2 tomates coupées en dés et faites-les revenir 5 à 6 minutes à feu moyen. Hachez finement 2 c. à s. d'estragon et ajoutez-les dans la poêle. Ajoutez les penne, 200 g de camembert coupé en dés et 100 g de noix grillées et hachées. Mélangez bien. Salez et poivrez, puis servez.

Beignets d'oignons épicés et sauce à la menthe

MINUTES

Pour 4 personnes

3 à 4 oignons coupés en tranches
1 c. à c. de piment moulu
1 c. à c. de curcuma moulu
2 c. à c. de graines de cumin
1 c. à s. de graines de coriandre
250 g de farine de pois chiches
huile de friture
sel marin

Pour la sauce

8 c. à s. de feuilles de menthe
    finement hachées
6 c. à s. de feuilles de coriandre
    finement hachées
250 ml de yaourt nature fouetté
1 c. à s. de jus de citron vert
1 c. à s. de gelée de menthe
    (facultatif)

- Préparez la sauce en mélangeant tous les ingrédients dans un bol. Salez et poivrez. Placez au réfrigérateur jusqu'au moment de servir.

- Séparez les tranches d'oignon en anneaux dans un saladier. Ajoutez le piment, le curcuma, les graines de cumin, les graines de coriandre écrasées et le sel. Mélangez bien. Ajoutez la farine de pois chiches peu à peu, tout en mélangeant du bout des doigts. Ajoutez un peu d'eau froide pour obtenir une pâte qui enrobe bien les oignons, sans être trop liquide ni trop épaisse.

- Remplissez une casserole profonde et large d'huile de friture à ¼. Faites chauffer à feu vif jusqu'à 180 °C (un croûton de pain plongé dans l'huile doit dorer en 10 à 15 secondes).

- Faites frire en petites quantités à feu moyen pendant 1 à 2 minutes, jusqu'à ce que les beignets soient dorés et croustillants. Retirez-les à l'aide d'une écumoire et égouttez-les sur du papier absorbant. Servez aussitôt avec la sauce.

MINUTES

Beignets de gombos épicés
Mettez 65 g de farine de pois chiches dans un saladier. Coupez 400 g de gombos en quatre dans la longueur et enrobez-les de farine. Faites chauffer 2,5 cm d'huile dans une grande casserole. Faites frire les beignets, en remuant. Retirez-les à l'aide d'une écumoire et égouttez-les sur du papier absorbant. Saupoudrez de 1 c. à c. de sel, de 1 c. à c. de piment moulu et de 1 c. à c. de poudre de mangue (amchoor, dans les épiceries indiennes). Mélangez et servez chaud, avec des naans.

MINUTES

Crêpes épicées à la farine de pois chiches Mettez 150 g de farine de pois chiches dans un saladier. Versez peu à peu 250 ml d'eau, en remuant, pour obtenir une pâte fluide. Ajoutez ½ c. à c. de sel, ½ c. à c. de piment de Cayenne, ½ c. à c. de graines de cumin, 1 oignon rouge finement haché, 1 c. à c. de gingembre râpé, 4 piments verts finement hachés, 4 gousses d'ail hachées et 2 c. à s. de feuilles de coriandre hachées. Étalez 1 c. à c. d'huile végétale dans une poêle antiadhésive à l'aide de papier absorbant. Faites chauffer à feu moyen. Remuez la pâte et versez environ 50 ml au centre de la poêle. Tournez la poêle pour recouvrir le fond et former une crêpe de 18 à 19 cm environ. Couvrez et faites cuire 3 minutes. Faites glisser 1 autre c. à c. d'huile tout autour de la crêpe. Retournez-la et faites dorer l'autre côté. Retirez-la de la poêle et gardez au chaud. Recommencez avec le reste de la pâte pour obtenir 8 crêpes. Servez aussitôt avec du yaourt et du chutney de mangue.

30 MINUTES

Tortillas au maïs et aux haricots rouges

Pour 4 personnes

2 poivrons rouges épépinés
   et coupés en dés
2 c. à s. d'huile d'olive
400 g de tomates concassées
   en conserve
800 g de haricots rouges
   en conserve, égouttés
400 g de grains de maïs
   en conserve, égouttés
½ c. à c. de piment moulu
4 grandes tortillas de maïs
200 g de cheddar
   ou de gruyère râpé
1 c. à s. de coriandre finement
   hachée pour décorer

Pour servir (facultatif)

crème fraîche
1 avocat pelé, dénoyauté
   et coupé en tranches

- Mettez les poivrons et l'huile d'olive dans une cocotte, couvrez et faites cuire à feu doux 5 minutes. Ajoutez les tomates, les haricots, le maïs et le piment. Portez à ébullition et faites mijoter 7 à 8 minutes, sans couvrir, jusqu'à ce que la préparation soit relativement épaisse.

- Posez 1 tortilla sur une plaque de cuisson. Couvrez de ⅓ de la préparation aux haricots rouges et de ¼ du fromage. Recommencez 2 fois pour obtenir 3 couches, puis ajoutez la dernière tortilla. Parsemez dessus le reste du fromage et faites cuire 15 minutes dans un four préchauffé à 190 °C.

- Décorez avec la coriandre et servez avec l'avocat et la crème fraîche, si vous le souhaitez.

 MINUTES

Wraps aux haricots rouges et au maïs Étalez sur 4 tortillas de maïs 2 c. à s. de mayonnaise par tortilla. Mélangez 200 g de maïs en conserve et 8 c. à s. de haricots rouges en conserve. Étalez le mélange sur les tortillas et parsemez chacune de 1 c. à s. de gruyère râpé. Enroulez les tortillas puis servez.

 MINUTES

Croustillants de tortilla et sauce crémeuse aux haricots rouges Coupez 4 tortillas de maïs en 12 parts. Placez-les sur une plaque de cuisson, arrosez-les d'un peu d'huile d'olive et saupoudrez-les de 2 c. à c. de graines de cumin et de 2 c. à c. de paprika fumé. Faites cuire 8 à 10 minutes dans un four préchauffé à 180 °C. Préparez la sauce : rincez et égouttez 800 g de haricots rouges en conserve. Mixez-les avec 2 gousses d'ail écrasées, 6 c. à s. de persil finement haché et 200 g de fromage frais à l'ail et aux fines herbes, jusqu'à obtenir un mélange onctueux. Salez et poivrez. Servez avec les tortillas.

 **MINUTES**

Bruschettas aux haricots, piment, tomate et romarin

Pour 4 personnes

3 c. à s. d'huile d'olive
+ un peu pour arroser
les tranches de pain
2 c. à c. de feuilles de romarin
hachées
1 piment rouge haché
800 g de haricots cannellini
en conserve, égouttés
2 c. à s. de tomates séchées
hachées
8 tranches d'une miche de pain
au levain un peu rassise
2 gousses d'ail coupées en deux
sel marin et poivre

Pour servir

feuilles de basilic
quartiers de citron

- Faites chauffer l'huile d'olive dans une poêle à feu doux. Ajoutez les feuilles de romarin et le piment. Faites cuire quelques secondes jusqu'à ce que la préparation commence à grésiller. Ajoutez les haricots et faites revenir 2 à 3 minutes.

- Versez dans le bol d'un robot et mixez grossièrement. Salez et poivrez. Incorporez ensuite les tomates séchées.

- Faites chauffer une poêle-gril et faites griller les tranches de pain à feu moyen. Vous pouvez aussi les faire griller dans un grille-pain.

- Frottez le pain chaud avec l'ail et arrosez généreusement d'huile d'olive. Salez légèrement et recouvrez de la préparation aux haricots.

- Saupoudrez de poivre noir fraîchement moulu et arrosez d'un filet d'huile d'olive. Servez avec des feuilles de basilic et des quartiers de citron.

**MINUTES**

Soupe haricots, tomates, piment Faites chauffer 800 ml de soupe de tomate toute prête. Incorporez 1 piment rouge finement haché et 400 g de haricots cannellini en conserve, rincés et égouttés. Portez à ébullition et servez chaud, avec du pain au levain grillé.

MINUTES

Gratin de haricots cannellini aux légumes Faites cuire 500 g d'un mélange de légumes prêts à l'emploi (chou-fleur, carotte et brocoli par exemple) dans de l'eau bouillante pendant 3 à 4 minutes. Égouttez-les et mettez-les dans un plat à four. Ajoutez dans le plat 400 g de sauce tomate en tube et 400 g de haricots cannellini en conserve rincés et égouttés, et mélangez. Mélangez 200 g de chapelure fraîche et 100 g de parmesan râpé, puis parsemez le gratin de ce mélange. Faites cuire 15 à 20 minutes dans un four préchauffé à 200 °C, jusqu'à ce que le dessus soit bien doré. Servez aussitôt.

20 MINUTES

Champignons à l'estragon sur toasts de brioche

Pour 4 personnes

8 tranches de brioche

150 g de beurre

2 échalotes finement hachées

3 gousses d'ail finement hachées

1 piment rouge épépiné et finement haché (facultatif)

300 g d'un mélange de champignons (chanterelles, cèpes, girolles et pleurotes) nettoyés et coupés en tranches

4 c. à s. de crème fraîche + un peu pour servir (facultatif)

2 c. à s. d'estragon finement haché

1 c. à s. de persil plat finement haché

sel et poivre

· Faites griller légèrement les tranches de brioche et réservez au chaud.

· Faites chauffer le beurre dans une poêle et faites revenir les échalotes, l'ail et le piment 1 à 2 minutes. Ajoutez les champignons et faites sauter à feu moyen 6 à 8 minutes. Salez et poivrez généreusement, retirez du feu et incorporez la crème fraîche et les herbes hachées.

· Ajoutez les champignons sur les tranches de brioche et servez aussitôt, avec 1 cuillerée de crème fraîche supplémentaire, si vous le souhaitez.

10 MINUTES

Soupe aux champignons et à l'estragon Faites chauffer 800 ml de soupe aux champignons toute prête dans une casserole, avec 600 g de champignons de Paris entiers en conserve. Portez à ébullition et faites mijoter 2 à 3 minutes. Incorporez 25 g d'estragon haché et servez aussitôt, en décorant avec un peu de persil plat haché.

30 MINUTES

Risotto aux champignons et à l'estragon Portez 1,2 litre de bouillon de légumes à ébullition et réservez au chaud. Pendant ce temps, faites chauffer 2 c. à s. d'huile d'olive dans une grande casserole à fond épais et ajoutez 1 oignon haché et 2 gousses d'ail hachées. Faites fondre à feu doux 2 à 3 minutes. Ajoutez 250 g d'un mélange de champignons (comme ci-dessus) et faites revenir 2 à 3 minutes, jusqu'à ce qu'ils soient dorés.

Ajoutez 375 g de riz arborio et remuez pour bien l'enrober de matière grasse. Versez 150 ml de vin blanc sec et faites cuire, en remuant, jusqu'à ce que le liquide ait été absorbé. Continuez en ajoutant le bouillon de la même façon, jusqu'à ce que le riz soit tendre et gonflé. Terminez en incorporant 2 c. à s. d'estragon haché, 2 c. à s. de persil haché et 40 g de beurre. Salez et poivrez généreusement. Servez avec du parmesan fraîchement râpé.

30 MINUTES

Croquettes de maïs et salsa d'avocats

Pour 4 personnes

500 g de grains de maïs frais

4 oignons nouveaux coupés
en fines tranches

2 œufs

5 c. à s. de feuilles de coriandre
finement hachées + quelques
feuilles pour décorer

125 g de farine

1 c. à c. de poudre à lever

sel et poivre

huile de friture

Pour la salsa d'avocats

2 avocats mûrs, pelés, dénoyautés
et coupés en fines tranches

4 c. à s. de feuilles de menthe
hachées

4 c. à s. de feuilles de coriandre
hachées

2 c. à s. de jus de citron vert

2 c. à s. d'oignon rouge finement
haché

½ c. à c. de Tabasco

- Mettez ¾ des grains de maïs, les oignons nouveaux, les œufs, la coriandre, la farine et la poudre à lever dans le bol d'un robot. Mixez. Salez et poivrez. Versez dans un saladier et ajoutez le reste des grains de maïs. Mélangez bien.

- Faites chauffer 1 cuillerée à soupe d'huile dans une grande poêle antiadhésive à feu moyen. Lorsque l'huile est chaude, ajoutez des cuillerées pleines de pâte dans la poêle et faites cuire par petites quantités 1 minute de chaque côté.

- Égouttez sur du papier absorbant et réservez au chaud dans un four préchauffé à 120 °C pendant la préparation des autres croquettes.

- Pour la salsa d'avocat, mettez tous les ingrédients dans un grand bol et mélangez délicatement.

- Servez les croquettes de maïs avec la salsa d'avocats et ajoutez quelques feuilles de coriandre pour décorer.

10 MINUTES

Salade de maïs, roquette et avocats Coupez chaque croquette de maïs en quatre et mettez-les dans un saladier avec la salsa d'avocats. Ajoutez 75 g de roquette et versez 4 c. à s. d'huile d'olive. Remuez et servez.

20 MINUTES

Croquettes de petits pois à la menthe Préparez la recette comme ci-dessus en remplaçant le maïs par des petits pois et la coriandre par des feuilles de menthe. Incorporez 6 c. à s. de yaourt nature dans la salade et servez avec les croquettes.

10 MINUTES

Salade grecque et pain pita grillé

Pour 4 personnes

100 g de feta coupée en dés
8 à 10 feuilles de menthe coupées
  en lanières
100 g d'olives noires Kalamata
  dénoyautées
2 tomates coupées en dés
le jus de 1 gros citron
1 petit oignon rouge coupé
  en fines tranches
1 c. à c. d'origan séché
4 pains pita
quartiers de citron pour servir

· Dans un saladier, mélangez la feta, la menthe, les olives, les tomates, le jus de citron, l'oignon et l'origan.

· Faites griller les pains pita sous le gril du four préchauffé, jusqu'à ce qu'ils soient légèrement dorés puis ouvrez-les en deux afin de faire griller l'intérieur.

· Découpez les pains pita en morceaux de la taille d'une bouchée et mélangez-les aux autres ingrédients dans le saladier. Servez avec des quartiers de citron.

20 MINUTES

Salade à la feta grillée, épinards et pignons de pin
Mettez un bloc de 200 g de feta sur une plaque de cuisson et saupoudrez-la de 1 c. à c. d'origan séché. Faites dorer 5 à 6 minutes sous le gril du four préchauffé à température moyenne-forte. Mettez 300 g de pousses d'épinard dans un grand saladier avec 1 oignon rouge émincé, 2 tomates coupées en dés et 4 c. à s. de pignons de pin grillés. Ajoutez 2 c. à s. de vinaigre de xérès et 6 c. à s. d'huile d'olive. Salez et poivrez. Mélangez. Coupez la feta grillée en petits cubes, parsemez sur la salade et servez.

30 MINUTES

Pâtes aux légumes rôtis et au pesto de menthe Mettez 1 poivron rouge et 1 poivron jaune épépinés et coupés en morceaux de 2,5 cm, 1 aubergine moyenne coupée en morceaux de 2,5 cm, 1 courgette coupée en cubes de 2,5 cm et 2 petits oignons rouges pelés et coupés en quartiers sur une grande plaque de cuisson antiadhésive. Arrosez-les d'un peu d'huile d'olive, salez et poivrez. Faites-les rôtir 15 à 20 minutes dans un four préchauffé à 200 °C. Faites cuire 375 g de rigatonis dans une grande casserole d'eau bouillante salée, en suivant les instructions de l'emballage. Faites dorer à sec 100 g de pignons de pin 4 à 5 minutes dans une poêle, en remuant. Mettez-les dans le bol d'un robot avec 200 ml d'huile d'olive, 4 gousses d'ail hachées, 25 g de feuilles de menthe hachées, 25 g de feuilles de basilic hachées et 150 g de feta coupée en morceaux. Mixez grossièrement pour obtenir un pesto. Vérifiez l'assaisonnement. Égouttez les pâtes cuites, remettez-les dans la casserole avec les légumes grillés et 100 g d'olives noires Kalamata dénoyautées. Incorporez le pesto. Servez aussitôt.

30 MINUTES

Tortilla aux épinards et aux pommes de terre

Pour 4 personnes

3 c. à s. d'huile d'olive

2 oignons finement hachés

250 g de pommes de terre cuites,
   pelées et coupées en cubes
   de 1 cm

2 gousses d'ail finement hachées

200 g d'épinards cuits,
   bien égouttés et grossièrement
   hachés

4 c. à s. de poivron rouge grillé
   finement haché

5 œufs

3 à 4 c. à s. de manchego râpé

sel et poivre

- Faites chauffer l'huile d'olive dans une poêle antiadhésive et faites revenir les oignons et les pommes de terre 3 à 4 minutes, à feu moyen, en remuant souvent, jusqu'à ce qu'ils soient tendres ; ne les faites pas colorer.

- Ajoutez l'ail, les épinards et le poivron. Mélangez bien.

- Battez les œufs légèrement, salez et poivrez. Versez dans la poêle en l'inclinant, pour que les œufs s'étalent en une couche uniforme. Faites cuire 8 à 10 minutes, jusqu'à ce que le fond de la tortilla ait pris.

- Parsemez de manchego râpé. Mettez la poêle 3 à 4 minutes sous le gril du four préchauffé et faites cuire, jusqu'à ce que le dessus soit doré.

- Retirez du four. Coupez en carrés ou en triangles. Servez chaud ou à température ambiante.

10 MINUTES

Sauté d'épinards et de pommes de terre Faites chauffer 1 c. à s. d'huile dans une grande poêle. Ajoutez 2 gousses d'ail hachées, 1 oignon finement haché et 1 c. à s. de curry en poudre. Incorporez 100 ml de coulis de tomate, 300 g de pousses d'épinard et 200 g de pommes de terre cuites coupées en dés. Faites sauter 2 à 3 minutes à feu vif. Salez et poivrez. Servez avec du pain de campagne ou du riz.

20 MINUTES

Pommes de terre mijotées à l'espagnole Faites chauffer 2 c. à s. d'huile d'olive dans une casserole et ajoutez 4 gousses d'ail écrasées, 1 oignon haché, 1 poivron rouge finement haché, 500 g de feuilles d'épinards frais hachées et 2 pommes de terre moyennes coupées en dés de 1 cm. Ajoutez 1 litre de bouillon de légumes chaud et 1 pincée de filaments de safran. Portez à ébullition et faites cuire 12 à 15 minutes, jusqu'à ce que les pommes de terre soient tendres. Salez et poivrez. Servez avec du pain de campagne ou du riz.

20 MINUTES

Bocconcinis panés et pesto à l'ail

Pour 4 personnes

100 g de chapelure fraîche

le zeste de 1 citron finement râpé

1 pincée de flocons de piment séché

2 c. à s. de feuilles de thym frais

50 g de farine

2 gros œufs battus

300 g de bocconcinis (petites boules de mozzarella) égouttés

huile de friture

sel et poivre

Pour le pesto à l'ail

6 c. à s. de pesto au basilic prêt à l'emploi

200 g de mayonnaise fraîche

2 gousses d'ail écrasées

- Préparez le pesto à l'ail en mixant tous les ingrédients. Réservez.

- Dans un bol, mélangez la chapelure, le zeste de citron, les flocons de piment séché, le thym, du sel et du poivre. Mettez la farine dans un autre bol et les œufs dans un troisième bol.

- Essuyez les boulettes de fromage avec du papier absorbant. Roulez-les dans la farine, puis dans les œufs et, enfin, dans la chapelure. Trempez-les de nouveau dans l'œuf et dans la chapelure, pour former une deuxième couche.

- Remplissez à mi-hauteur une casserole ou une friteuse d'huile de friture. Juste avant de servir, faites chauffer l'huile à 180 °C (un morceau de pain plongé dans l'huile doit dorer en 10 à 15 secondes). À l'aide d'une écumoire, plongez les boulettes dans l'huile chaude et faites-les frire 3 à 4 minutes, jusqu'à ce qu'elles soient dorées. Retirez-les et égouttez-les sur du papier absorbant.

- Servez aussitôt avec le pesto à l'ail.

10 MINUTES

Salade tricolore tomates, bocconcinis, basilic Coupez 4 tomates en tranches et mettez-les dans un saladier. Ajoutez quelques feuilles de basilic et 300 g de bocconcinis. Versez 4 c. à s. d'huile d'olive et pressez le jus de 1 citron. Salez et poivrez. Servez avec du pain ciabatta.

30 MINUTES

Gratin de pâtes aux bocconcinis et au pesto Faites cuire 375 g de penne. Faites chauffer 500 ml de lait. Mettez 3 c. à s. de fécule de maïs dans un bol et ajoutez 6 c. à s. de lait chaud. Mélangez bien et versez dans le lait. Faites chauffer à feu doux, tout en remuant, jusqu'à ce que la préparation épaississe. Ajoutez 150 g de bocconcinis coupés en morceaux. Salez, poivrez et ajoutez un peu de noix de muscade râpée. Ajoutez 4 c. à s. de pesto frais au basilic. Dans une autre casserole, faites fondre 75 g d'épinards et pressez-les pour retirer toute l'eau. Égouttez les pâtes et ajoutez-les dans la sauce au fromage. Ajoutez les épinards et 1 pincée de flocons de piment séché. Versez dans un plat à gratin et parsemez de 50 g de mozzarella râpée. Faites dorer sous le gril chaud 5 minutes. Servez aussitôt.

Blinis de pomme de terre à la betterave et à la ciboulette

Pour 4 personnes

200 g de purée de pommes
de terre déjà prête

50 g de farine avec levure
incorporée

3 gros œufs, blancs et jaunes
séparés

2 c. à s. de crème fraîche

4 c. à s. d'aneth finement haché

huile de friture

sel et poivre

Pour la garniture

2 betteraves cuites, pelées
et coupées en petits dés

6 c. à s. de crème fraîche

1 c. à s. de sauce au raifort

sel et poivre

ciboulette hachée pour décorer

- Mettez la purée de pommes de terre dans un saladier. Ajoutez la farine, les jaunes d'œufs, la crème fraîche, l'aneth, du sel et du poivre. Mélangez bien.

- Montez les blancs en neige. À l'aide d'une cuillère en métal, incorporez délicatement les blancs en neige au mélange précédent.

- Faites chauffer un peu d'huile dans une grande poêle antiadhésive. Mettez 3 à 4 c. à s. de pâte dans la poêle. Faites cuire à feu moyen, puis retournez les blinis pour faire dorer l'autre côté. Retirez de la poêle et réservez au chaud. Recommencez avec le reste de la pâte.

- Pendant ce temps, mélangez les betteraves, la crème fraîche et la sauce au raifort. Salez et poivrez.

- Pour servir, déposez la garniture sur les blinis, décorez de ciboulette hachée et de poivre noir fraîchement moulu.

**Purée de pommes de terre,
chou, betteraves et ciboulette**
Faites blanchir 50 g de chou frisé émincé dans de l'eau bouillante pendant 1 minute. Égouttez et réservez. Hachez finement 50 g de ciboulette et râpez grossièrement 2 betteraves cuites. Mettez dans le bol d'un robot avec le chou égoutté et mixez 10 à 15 secondes. Pendant ce temps, faites chauffer 800 g de purée de pommes de terre et mettez-la dans un saladier. Ajoutez la préparation précédente et 1 c. à s. de moutarde à l'ancienne. Salez et poivrez. Mélangez bien. Servez bien chaud avec les légumes vapeur de votre choix.

**Soupe de pommes de terre
à la ciboulette** Faites fondre 2 c. à s. de beurre dans une casserole. Ajoutez 1 oignon coupé en dés et mélangez pour bien l'enrober de beurre. Ajoutez 425 g de purée de pommes de terre et 900 ml de bouillon de légumes chaud. Portez à ébullition et versez 125 ml de lait. Mixez à l'aide d'un mixeur plongeant. Salez et poivrez. Incorporez 3 c. à s. d'aneth et 3 c. à s. de ciboulette hachés. Servez avec du pain de campagne.

10 MINUTES

Bruschettas au paneer épicé

Pour 4 personnes

200 g de paneer (fromage frais indien) ou de feta coupé en dés

3 c. à s. d'oignon rouge finement haché

1 piment vert épépiné et coupé en fines tranches

1 poignée de coriandre fraîche finement hachée

150 g de tomates cerises coupées en quatre

2 c. à s. d'huile d'olive + un peu pour arroser (facultatif)

le jus et le zeste finement râpé de 1 citron vert

12 tranches de ciabatta

sel et poivre

- Mettez le paneer dans un saladier. Ajoutez l'oignon, le piment, la coriandre, les tomates cerises, l'huile d'olive, le jus et le zeste de citron vert. Salez et poivrez. Mélangez bien et laissez mariner pendant que vous faites griller le pain dans une poêle-gril ou dans un grille-pain.

- Répartissez la préparation sur les tranches de pain grillées et servez aussitôt. Arrosez d'un peu d'huile d'olive, si vous le souhaitez.

20 MINUTES

Brochettes de paneer aux épices Coupez 500 g de paneer en cubes de 5 cm. Saupoudrez-les de 1 c. à s. de piment en poudre et de 1 c. à s. de sel marin, et mélangez. Mélangez 2 c. à s. de farine de pois chiches avec 2 c. à c. de graines de cumin et 6 c. à s. de crème fraîche. Incorporez le paneer à la crème épicée et faites mariner 10 minutes. Enfilez le paneer sur 4 brochettes en métal et faites cuire sous le gril du four préchauffé 1 à 2 minutes de chaque côté. Servez avec de la coriandre hachée et de la salade.

30 MINUTES

Palak paneer (épinards au fromage indien) Faites cuire 250 g de riz basmati en suivant les instructions de l'emballage. Faites blanchir 750 g de pousses d'épinard dans de l'eau bouillante pendant 1 à 2 minutes. Égouttez-les dans une passoire et passez-les sous l'eau froide. Mixez-les en purée dans un robot et réservez. Faites chauffer 3 c. à s. d'huile dans une grande poêle antiadhésive. Ajoutez 2 c. à c. de graines de cumin et faites-les revenir 30 secondes. Ajoutez 1 oignon haché et faites revenir à feu doux 5 à 6 minutes.

Ajoutez 1 c. à s. de gingembre frais râpé, 1 c. à s. d'ail et 1 piment vert haché, et faites cuire 1 minute de plus. Ajoutez 2 c. à c. de coriandre moulue. Salez. Faites cuire 30 secondes puis ajoutez les épinards mixés et 250 g de paneer coupé en cubes, ½ c. à c. de garam masala et 4 c. à s. de crème fraîche. Mélangez et réchauffez quelques minutes de plus. Ajoutez le jus de 1 citron. Servez avec le riz cuit.

Röstis aux oignons nouveaux et salsa tomate-avocat

Pour 4 personnes

875 g de pommes de terre fermes,
  cuites à l'eau
6 oignons nouveaux hachés
2 gousses d'ail hachées
1 gros œuf battu
4 c. à s. d'huile de tournesol

Pour la salsa

2 tomates roma épépinées
  et coupées en dés
1 piment rouge épépiné
  et finement haché
1 petit oignon rouge
  très finement haché
4 c. à s. de coriandre fraîche
  finement hachée
2 avocats coupés en dés
le jus de 2 citrons verts
1 c. à s. d'huile d'avocat
quartiers de citron vert pour servir

- Préparez d'abord la salsa en mélangeant tous les ingrédients dans un saladier. Salez et poivrez. Réservez jusqu'au moment de servir.

- Pelez et râpez grossièrement les pommes de terre. Ajoutez les oignons nouveaux, l'ail et l'œuf et mélangez du bout des doigts.

- Faites chauffer une grande poêle antiadhésive à feu vif et versez la moitié de l'huile.

- Formez 8 boulettes avec la pâte. Mettez 4 boulettes dans la poêle et aplatissez-les à l'aide d'une spatule pour former des röstis de 8 à 10 cm de diamètre. Faites-les cuire 3 à 4 minutes de chaque côté, puis posez-les sur une plaque de cuisson antiadhésive. Recommencez avec le reste de l'huile et de la pâte afin d'obtenir 8 röstis.

- Servez les röstis avec la salsa et des quartiers de citron vert.

---

10 MINUTES

Soupe aux oignons nouveaux et aux pommes de terre
Mettez 12 oignons nouveaux émincés, 400 g de pommes de terre cuites et coupées en dés, 2 gousses d'ail écrasées, 4 c. à s. de coriandre hachée, 600 ml de bouillon de légumes chaud et 500 ml de lait dans une casserole. Portez à ébullition et faites cuire 5 à 6 minutes. Salez et poivrez. Servez aussitôt.

20 MINUTES

Salade de pâtes aux légumes frais Faites cuire 300 g de pâtes courtes. Hachez finement 4 tomates roma, 1 piment rouge, 1 oignon rouge et 6 c. à s. de feuilles de coriandre. Mettez-les dans un saladier. Pelez, dénoyautez et coupez en dés 2 avocats. Ajoutez les avocats et les pâtes égouttées dans le saladier. Ajoutez 4 c. à s. d'huile d'olive et le jus de 2 citrons verts. Salez et poivrez. Remuez et servez.

Croquettes de maïs et de courgette

20 MINUTES

Pour 4 personnes

150 g de grains de maïs frais

1 courgette grossièrement râpée

1 c. à c. de graines de cumin

4 oignons nouveaux émincés

3 c. à s. de farine avec levure
incorporée

2 œufs battus

2 c. à s. de coriandre fraîche
hachée

1 piment rouge épépiné
et grossièrement haché

huile de friture

sel et poivre

Pour servir

guacamole prêt à l'emploi

quartiers de citron vert

- Mettez le maïs dans un grand saladier avec la courgette, les graines de cumin, les oignons nouveaux, la farine, les œufs, la coriandre, le piment et un peu de sel et de poivre. Mélangez bien.

- Faites chauffer 1 cuillerée à soupe d'huile dans une grande poêle antiadhésive et déposez des cuillerées de pâte. Faites cuire 2 à 3 minutes de chaque côté jusqu'à ce que les croquettes soient bien cuites. Recommencez avec le reste de la pâte pour obtenir 12 croquettes au total, soit 3 par personne.

- Servez avec le guacamole et les quartiers de citron vert.

10 MINUTES

Salade de maïs au mesclun

Mettez 400 g de maïs en conserve dans un saladier. Ajoutez 1 courgette grossièrement râpée et 100 g de mesclun. Ajoutez 6 c. à s. de vinaigrette prête à l'emploi, salez, poivrez et remuez bien avant de servir.

30 MINUTES

Gratin de pâtes aux courgettes et au maïs
Faites cuire 250 g de rigatonis. Égouttez-les et mettez-les dans un grand saladier. Faites chauffer 2 c. à s. d'huile d'olive dans une grande poêle et faites revenir 1 oignon haché et 2 gousses d'ail hachées 1 à 2 minutes. Ajoutez 1 courgette coupée en petits dés et 400 g de grains de maïs frais. Faites cuire 1 minute de plus. Mélangez 200 ml de crème fraîche, 2 œufs battus et 1 c. à s. de moutarde de Dijon. Salez et poivrez. Versez cette préparation dans le saladier. Ajoutez les légumes cuits et 4 c. à s. de coriandre fraîche hachée. Mélangez bien et versez dans un plat à gratin. Faites cuire 12 à 15 minutes dans un four préchauffé à 200 °C. Sortez du four et servez.

30 MINUTES

Nems aux légumes

Pour 4 personnes

1 c. à s. d'huile d'arachide

2 gousses d'ail finement hachées

1 petit morceau de gingembre
frais râpé

1 piment rouge épépiné
et finement haché

300 g d'un mélange de légumes
pour wok (mini-épis de maïs,
poivron, brocoli, haricots verts…)

1 c. à s. de sauce soja

1 c. à s. de vinaigre de riz

4 feuilles de pâte filo, chacune
coupée en 4 rectangles
d'environ 15 x 12 cm

50 g de beurre salé fondu

sauce pimentée sucrée pour servir

· Faites chauffer un wok à feu vif et ajoutez l'huile, l'ail,
le gingembre et le piment. Faites sauter 30 secondes.
Ajoutez les légumes, la sauce soja et le vinaigre, et faites
sauter 1 minute. Mettez les légumes dans une passoire
posée sur un saladier et laissez refroidir quelques instants.

· Mettez 1 cuillerée de garniture au centre du petit côté
d'un rectangle de pâte. Roulez la pâte autour de la garniture
jusqu'au milieu de la pâte, puis rabattez les bords latéraux
vers l'intérieur et terminez le rouleau. Badigeonnez de beurre
pour sceller. Recommencez avec le reste de la pâte
et de la garniture.

· Placez les nems sur une plaque de cuisson et badigeonnez-les
de beurre. Faites-les cuire 12 à 15 minutes dans un four
préchauffé à 200 °C. Servez chaud avec de la sauce
pimentée sucrée.

10 MINUTES

Riz frit aux légumes Faites
chauffer 2 c. à s. d'huile dans une
grande poêle ou un wok à feu
vif. Ajoutez 2 gousses d'ail
hachées, 1 c. à c. de gingembre
grossièrement râpé, 500 g de riz
blanc cuit et 300 g d'un mélange
de légumes pour wok. Faites
sauter à feu vif 5 à 6 minutes.
Ajoutez 6 c. à s. de sauce soja
légère, 1 c. à s. d'huile de sésame
et 1 c. à c. d'huile pimentée.
Retirez du feu et incorporez le jus
de 1 citron vert. Servez aussitôt.

20 MINUTES

Wok de nouilles aux légumes
Mettez 250 g de nouilles fines
de riz à gonfler dans un saladier
d'eau bouillante pendant 5 minutes,
puis égouttez-les. Pendant ce
temps, versez 1 c. à s. d'huile
dans un grand wok et faites
chauffer à feu vif. Ajoutez
2 c. à c. de gingembre frais
grossièrement râpé, 2 gousses
d'ail hachées, 8 oignons nouveaux
et 1 piment rouge coupés en
fines tranches, et faites sauter
1 minute. Ajoutez 300 g d'un

mélange de légumes pour wok
et faites cuire 3 à 4 minutes.
Mélangez 4 c. à s. de sauce
pimentée sucrée, 4 c. à s. de
sauce hoisin et 4 c. à s. d'eau,
et versez dans le wok. Faites
sauter 3 à 4 minutes. Ajoutez les
nouilles égouttées, parsemez de
3 c. à s. de menthe et de 3 c. à s.
de coriandre hachées. Remuez
bien. Servez aussitôt dans
des bols.

30 MINUTES

Œufs farcis aux câpres

Pour 4 personnes

6 œufs

1 c. à c. de paprika fumé
  + un peu pour décorer

3 c. à s. de mayonnaise

1 c. à c. de moutarde à l'ancienne

sel et poivre

Pour décorer

1 c. à s. de câpres

1 c. à s. de baies roses en saumure
  égouttées

brins de thym

- Mettez les œufs dans une casserole d'eau bouillante salée et laissez cuire 10 à 15 minutes après reprise de l'ébullition. Retirez-les de l'eau et laissez-les refroidir.

- Écalez les œufs et coupez-les en deux dans le sens de la longueur.

- Mettez les jaunes dans un bol et écrasez-les. Ajoutez le paprika, la mayonnaise et la moutarde. Salez et poivrez. Mélangez bien.

- Remettez ce mélange dans les moitiés d'œufs durs et décorez avec les câpres, les baies roses et le thym. Saupoudrez d'un peu de paprika, puis servez.

10 MINUTES

Œufs au plat pimentés et chapatis chauds Faites chauffer 2 c. à s. d'huile de tournesol dans une grande poêle à feu moyen. Cassez 4 gros œufs dans la poêle et faites-les cuire 2 à 3 minutes. Réchauffez 4 chapatis au micro-ondes ou au four. Mettez-les dans 4 assiettes chaudes et ajoutez 1 œuf au plat sur chaque chapati. Pour servir, salez et poivrez, puis saupoudrez d'un mélange de 2 c. à s. de flocons de piment séché, 1 c. à c. de paprika fumé, 1 c. à s. de câpres et 2 c. à s. de persil plat finement haché.

20 MINUTES

Œufs brouillés épicés Faites fondre 2 c. à s. de beurre dans une poêle et faites revenir 4 à 5 minutes 1 oignon finement haché et 3 gousses d'ail hachées. Ajoutez ensuite 2 c. à c. de graines de cumin, 1 c. à c. de curry en poudre, 1 c. à c. de curcuma moulu et 1 piment rouge haché. Faites cuire 4 à 5 minutes, en remuant. Ajoutez 2 tomates coupées en dés et faites cuire 3 à 4 minutes. Battez 8 œufs avec 100 ml de crème liquide dans un saladier, puis versez ce mélange dans la poêle et faites cuire, en remuant sans cesse, jusqu'à ce que les œufs soient cuits. Pendant la cuisson des œufs, faites griller 4 grandes tranches de pain au levain et réservez-les au chaud. Ajoutez 2 c. à s. de coriandre finement hachée aux œufs brouillés et répartissez-les sur les tranches de pain. Servez aussitôt.

Soupes & salades copieuses

Recettes par temps de préparation

10 MINUTES

Soupe épicée aux pommes de terre, céleri-rave et coriandre

Pour 4 personnes

1 oignon haché
2 c. à s. d'huile d'olive
1 gousse d'ail hachée
½ c. à c. de cumin moulu
½ c. à c. de coriandre moulue
1 pincée de flocons de piment séché
2 petits céleris-raves pelés
    et coupés en morceaux
2 pommes de terre moyennes
    pelées et coupées en petits
    morceaux
1 litre de bouillon de légumes chaud
25 g de coriandre hachée
4 c. à s. de crème fraîche
graines de cumin grillées
    pour décorer

- Mettez l'oignon et l'huile d'olive dans une casserole avec l'ail, le cumin, la coriandre et le piment. Faites revenir 1 minute à feu moyen.

- Ajoutez les céleris-raves, les pommes de terre et le bouillon. Portez à ébullition. Faites mijoter 15 à 20 minutes, jusqu'à ce que les légumes soient tendres.

- Ajoutez la coriandre hachée. Mixez à l'aide d'un mixeur plongeant.

- Servez dans des bols chauds avec 1 cuillerée de crème fraîche et des graines de cumin grillées.

10 MINUTES

Salade de céleri-rave, carottes et chou à l'asiatique Dans un grand saladier, mélangez 1 céleri-rave grossièrement râpé, 2 carottes grossièrement râpées, ½ chou rouge finement émincé et 1 poignée de coriandre hachée. Mélangez 100 ml de crème fraîche, 10 c. à s. de mayonnaise, le jus de 2 citrons verts, 1 c. à c. de cumin moulu, 1 c. à c. de coriandre moulue et 1 c. à c. de flocons de piment séché, du sel et du poivre. Ajoutez dans le saladier et mélangez bien.

20 MINUTES

Pommes de terre et céleri-rave sautés Faites chauffer 4 c. à s. d'huile dans une grande poêle ou un wok. Ajoutez 1 oignon haché, 1 gousse d'ail hachée, 1 c. à c. de graines de cumin, 1 c. à c. de graines de coriandre pilées et 1 piment rouge haché. Faites sauter 2 à 3 minutes, à feu moyen. Ajoutez 1 grosse pomme de terre et 1 gros céleri-rave grossièrement râpés. Faites sauter à feu vif 10 à 12 minutes, jusqu'à ce que les légumes soient tendres. Retirez du feu et ajoutez 1 poignée de coriandre hachée. Salez et poivrez.

20 MINUTES

Soupe aux betteraves et aux pommes

Pour 4 personnes

1 c. à s. d'huile d'olive

1 c. à s. de beurre

2 pommes granny-smith pelées, épépinées et coupées en dés

1 pomme golden pelée, épépinée et coupée en dés

625 g de betteraves cuites coupées en morceaux

2 c. à c. de graines de carvi

4 à 5 branches de thym

1,5 litre de bouillon de légumes

sel et poivre

crème fraîche pour servir

aneth haché pour décorer

- Faites chauffer l'huile d'olive et le beurre dans une casserole, et faites dorer les pommes 2 à 3 minutes. Ajoutez les betteraves, les graines de carvi et le thym. Faites revenir 1 à 2 minutes.

- Ajoutez le bouillon, portez à ébullition et faites cuire 10 minutes.

- Mixez la soupe dans un blender ou à l'aide d'un mixeur plongeant. Salez et poivrez.

- Servez dans des bols avec la crème fraîche ajoutée en forme de spirale. Décorez avec l'aneth et du poivre noir fraîchement moulu.

10 MINUTES

Salade de betteraves et de pommes Coupez 6 betteraves cuites en fines tranches et mettez-les dans un plat avec 4 pommes épépinées et coupées en tranches et les feuilles de 2 endives rouges. Mélangez 5 c. à s. d'huile d'olive, 2 c. à s. de vinaigre de cidre, 1 c. à c. de miel liquide, 1 c. à c. de thym, ½ c. à c. de graines de carvi, 1 c. à c. de moutarde de Dijon, du sel et du poivre. Ajoutez la vinaigrette à la salade.

30 MINUTES

Gratin de betteraves et de pommes Coupez 6 betteraves cuites en quartiers et mettez-les dans un plat à gratin avec 6 pommes pelées, épépinées et coupées en quartiers. Ajoutez 4 c. à s. d'huile d'olive, 4 branches de thym et 2 c. à c. de graines de carvi. Faites cuire au four 15 à 20 minutes. Servez aussitôt avec du riz ou du couscous.

Soupe aux champignons

30 MINUTES

Pour 4 personnes

25 g de beurre

1 gros oignon haché

1 poireau émincé

2 gousses d'ail écrasées

300 g de champignons de Paris
  coupés en petits morceaux

2 c. à s. de farine

500 ml de bouillon de légumes

400 ml de lait

1 c. à s. d'estragon finement haché

sel et poivre

pain de campagne pour servir

- Faites fondre le beurre dans une casserole à feu doux et faites suer l'oignon, le poireau et l'ail, jusqu'à ce qu'ils commencent à fondre.

- Augmentez le feu et ajoutez les champignons, en remuant. Poursuivez la cuisson 2 à 3 minutes.

- Incorporez la farine et faites cuire 1 minute.

- Retirez la casserole du feu et ajoutez le bouillon peu à peu, en remuant à chaque fois.

- Lorsque tout le bouillon a été versé, remettez la casserole sur le feu et portez à ébullition. Baissez le feu et laissez mijoter quelques minutes.

- Versez le lait et portez à frémissement. Ajoutez l'estragon, puis salez et poivrez.

- Versez la soupe dans des bols et servez avec du pain de campagne.

10 MINUTES

Champignons sautés Faites chauffer 2 c. à s. de beurre dans un wok et ajoutez 2 gousses d'ail hachées et 300 g de champignons de Paris, 1 oignon et 1 poireau émincés. Faites sauter à feu vif 6 à 8 minutes, retirez du feu et ajoutez 4 c. à s. de sauce soja légère. Servez avec des nouilles ou du riz.

20 MINUTES

Omelette aux champignons, au poireau et à l'estragon
Faites chauffer 2 c. à s. de beurre dans une grande poêle antiadhésive et faites sauter 2 à 3 minutes 1 poireau, 2 gousses d'ail et 300 g de champignons de Paris finement hachés. Ajoutez 6 œufs battus, salez et poivrez. Ajoutez 1 c. à s. d'estragon haché et faites cuire 6 à 8 minutes, jusqu'à ce que le dessous de l'omelette soit cuit. Pendant ce temps, préchauffez le gril du four à température moyenne. Faites dorer l'omelette sous le gril 3 à 4 minutes. Servez aussitôt avec du pain de campagne et une salade verte.

20 MINUTES

Soupe de romaine, petits pois et estragon

Pour 4 personnes

2 c. à s. de beurre

8 oignons nouveaux émincés

750 g de petits pois surgelés

1 c. à s. d'estragon haché

1 romaine coupée en fines lanières

1 litre de bouillon de légumes chaud

2 c. à s. de crème fraîche

sel et poivre

brins d'estragon pour décorer (facultatif)

- Faites fondre le beurre dans une grande casserole à feu moyen. Ajoutez les oignons nouveaux et faites revenir 2 minutes, en remuant sans cesse.

- Ajoutez les petits pois, la moitié de l'estragon et la romaine. Faites revenir 1 minute.

- Versez le bouillon, portez à ébullition, couvrez, baissez le feu et faites mijoter 5 minutes, jusqu'à ce que les légumes soient tendres.

- Versez la soupe dans un blender, ajoutez le reste de l'estragon et mixez. Salez et poivrez.

- Répartissez la soupe dans 4 bols, ajoutez la crème fraîche en spirale dans chaque bol et parsemez de poivre noir. Décorez de brins d'estragon, si vous le souhaitez.

10 MINUTES

Salade de romaine, petits pois, tomates et oignons nouveaux Dans un grand saladier, mettez les feuilles de 2 romaines lavées, 8 oignons nouveaux émincés, 4 tomates roma coupées en tranches, 500 g de petits pois blanchis et 12 radis coupés en tranches. Mélangez le jus de 1 citron, 6 c. à s. d'huile d'olive, 1 c. à c. de moutarde de Dijon, 2 c. à s. d'estragon finement haché, 2 c. à c. de miel liquide, du sel et du poivre. Mélangez la vinaigrette et la salade avant de servir.

30 MINUTES

Taboulé de quinoa et de romaine Mettez 200 g de quinoa dans une casserole et faites revenir à sec 2 à 3 minutes. Ajoutez 600 ml de bouillon de légumes chaud, portez à ébullition et mélangez bien. Baissez le feu et faites cuire 15 à 20 minutes, jusqu'à ce que le liquide ait été absorbé. Pendant ce temps, hachez grossièrement les feuilles de 1 romaine et mettez-les dans un grand saladier avec 6 oignons nouveaux finement hachés, 4 c. à s. d'estragon haché,

4 c. à s. de persil finement haché et 400 g de petits pois blanchis. Ajoutez le quinoa dans le saladier et versez 5 c. à s. d'huile d'olive et le jus de 1 orange. Salez et poivrez. Mélangez, puis servez.

30 MINUTES

Minestrone

Pour 4 personnes

3 carottes coupées en dés

1 oignon rouge grossièrement haché

6 bâtons de céleri coupés en dés

2 c. à s. d'huile d'olive

2 gousses d'ail écrasées

200 g de pommes de terre pelées et coupées en dés de 1 cm

4 c. à s. de concentré de tomates

1,5 litre de bouillon de légumes

400 g de tomates concassées en conserve

150 g de pâtes courtes

400 g de haricots cannellini en conserve égouttés

100 g de pousses d'épinard

sel et poivre

- Hachez finement les carottes, l'oignon et le céleri dans un robot.

- Faites chauffer l'huile d'olive dans une grande casserole, ajoutez les légumes hachés, l'ail, les pommes de terre, le concentré de tomates, le bouillon, les tomates et les pâtes. Portez à ébullition, baissez le feu et faites mijoter 12 à 15 minutes à couvert.

- Ajoutez les haricots cannellini et les épinards 2 minutes avant la fin de la cuisson.

- Salez et poivrez. Servez avec du pain de campagne.

10 MINUTES

Salade de haricots, épinards et pâtes Égouttez 400 g de haricots cannellini en conserve et mettez-les dans un saladier avec 100 g de pousses d'épinard, 2 carottes grossièrement râpées, ½ oignon rouge coupé en fines tranches et 200 g de pâtes courtes cuites. Ajoutez 6 c. à s. de vinaigrette prête à l'emploi et mélangez.

20 MINUTES

Pâtes à la sauce aux légumes Faites chauffer 2 c. à s. d'huile d'olive dans une grande poêle et ajoutez 2 gousses d'ail hachées, 1 oignon rouge haché, 2 bâtons de céleri hachés, 1 carotte hachée et 400 g de tomates concassées en conserve. Portez à ébullition et faites mijoter 12 à 15 minutes. Pendant ce temps, faites cuire 375 g de pâtes courtes en suivant les instructions de l'emballage. Ajoutez 100 g de pousses d'épinard et 200 g de haricots cannellini égouttés dans la sauce. Salez et poivrez. Servez les pâtes avec la sauce et parsemez de parmesan râpé.

20 MINUTES

Gaspacho vert

Pour 4 personnes

2 bâtons de céleri avec les feuilles

1 petit poivron vert épépiné

1 gros concombre pelé

3 tranches de pain blanc rassis
  sans croûte

1 piment vert frais épépiné

4 gousses d'ail

1 c. à c. de miel liquide

150 g de noix légèrement grillées

200 g de pousses d'épinard

50 g de feuilles de basilic

4 c. à s. de vinaigre de cidre

250 ml d'huile d'olive
  + un peu pour servir

6 c. à s. de yaourt nature

475 ml d'eau glacée

1 poignée de glaçons

sel et poivre

croûtons pour servir

· Hachez grossièrement le céleri, le poivron, le concombre, le pain, le piment et l'ail.

· Mettez-les dans un blender et ajoutez le miel, les noix, les épinards, le basilic, le vinaigre, l'huile d'olive, le yaourt, la quasi-totalité de l'eau glacée et les glaçons. Salez et poivrez. Mixez la soupe jusqu'à ce qu'elle soit onctueuse. Ajoutez un peu d'eau glacée si nécessaire afin d'obtenir la consistance souhaitée.

· Goûtez le gaspacho et rectifiez l'assaisonnement si nécessaire.

· Servez dans des bols préalablement placés au réfrigérateur et ajoutez les croûtons et un filet d'huile d'olive.

10 MINUTES

Salade de légumes verts
Mettez 100 g de pousses d'épinard et 4 bâtons de céleri, 1 concombre et 1 poivron coupés en fines tranches dans un grand saladier. Préparez une vinaigrette en mélangeant 150 ml de yaourt nature, le jus de 1 citron vert, 1 gousse d'ail écrasée, 1 c. à c. de miel liquide et 1 piment vert coupé en petits dés. Mélangez la salade et la vinaigrette, parsemez de croûtons prêts à l'emploi et servez.

30 MINUTES

Riz sauté aux noix Faites chauffer 3 c. à s. d'huile d'olive dans une casserole et ajoutez 4 gousses d'ail écrasées, 1 poivron vert finement haché, 2 piments verts finement hachés et 8 oignons nouveaux coupés en tranches. Faites sauter 5 à 6 minutes. Ajoutez 200 g de pousses d'épinard grossièrement hachées et 2 c. à c. de graines de cumin. Faites sauter 3 à 4 minutes de plus pour faire fondre les épinards. Ajoutez 500 g de riz basmati cuit, salez et poivrez, puis faites sauter 3 à 4 minutes pour réchauffer le riz. Servez aussitôt, en ajoutant 100 g de noix grillées hachées.

**MINUTES**

Soupe de maïs épicée à la jamaïcaine

Pour 4 personnes

1 c. à s. d'huile d'olive
1 gros oignon finement haché
2 gousses d'ail finement hachées
1 c. à c. de piment de Cayenne
200 g de lentilles corail rincées
1 litre de bouillon de légumes chaud
400 ml de lait de coco en conserve
1 piment lampion entier
1 c. à s. de thym
200 g de pommes de terre pelées
  et coupées en dés de 1 cm
200 g de carottes pelées
  et coupées en dés de 1 cm
400 g de grains de maïs frais
  ou en conserve
2 poivrons rouges coupés en dés
  de 1 cm
sel et poivre
coriandre hachée pour servir

· Faites chauffer l'huile d'olive dans une casserole et faites revenir l'oignon et l'ail 2 à 3 minutes.

· Augmentez le feu et ajoutez le piment de Cayenne, les lentilles, le bouillon, le lait de coco, le piment entier, le thym, les pommes de terre et les carottes. Portez à ébullition, baissez le feu et laissez mijoter 15 à 20 minutes.

· Salez, poivrez et ajoutez le maïs et les poivrons rouges 3 minutes avant la fin de la cuisson.

· Retirez le piment entier et versez la soupe dans des bols chauds. Pour servir, parsemez de coriandre et de poivre noir fraîchement moulu.

MINUTES

Curry aux poivrons rouges et au maïs Faites chauffer 1 c. à s. d'huile d'olive dans une casserole et faites revenir 1 à 2 minutes 1 oignon haché, 2 gousses d'ail hachées, 625 g de grains de maïs et 2 poivrons rouges coupés en dés. Ajoutez 1 c. à s. de curry en poudre doux et 600 ml de lait de coco. Portez à ébullition et faites cuire 3 à 4 minutes. Hors du feu, ajoutez 4 c. à s. de coriandre fraîche hachée. Servez avec du riz.

MINUTES

Mijoté de maïs et de légumes à l'asiatique Faites chauffer 1 c. à s. d'huile d'olive dans une grande poêle. Ajoutez 1 oignon haché, 2 gousses d'ail hachées, ¼ de piment lampion haché (portez des gants pour le couper) et 1 c. à c. de piment de Cayenne. Faites sauter 1 à 2 minutes, puis ajoutez 200 g de pommes de terre râpées, 200 g de carottes râpées, 500 g de grains de maïs et 1 poivron rouge coupé en petits dés. Ajoutez 200 ml de lait de coco, mélangez et faites cuire à feu vif 10 minutes, jusqu'à ce que le liquide soit évaporé et les légumes cuits. Hors du feu, ajoutez de la coriandre hachée. Servez avec du pain de campagne et 1 œuf au plat, si vous le souhaitez.

30 MINUTES

Soupe asiatique au riz, aux œufs et au pak choi

Pour 4 personnes

4 ciboules

100 g de pak choi coupé
en morceaux

2 c. à s. d'huile végétale

2,5 cm de gingembre frais
finement râpé

2 gousses d'ail finement hachées

200 g de riz thaï

100 ml de vin de riz

2 c. à s. de sauce soja

1 c. à c. de vinaigre de riz

1 litre de bouillon de légumes
chaud

4 œufs

1 c. à s. d'huile pimentée

- Coupez les ciboules en fines rondelles, en séparant le blanc du vert. Mélangez le vert des ciboules avec le pak choi dans un saladier et réservez.

- Faites chauffer l'huile à feu doux dans une casserole. Faites revenir le blanc des ciboules, le gingembre et l'ail 2 à 3 minutes.

- Ajoutez le riz et mélangez. Versez le vin de riz et faites cuire à frémissement 1 minute environ.

- Ajoutez la sauce soja, le vinaigre de riz et le bouillon. Faites cuire à frémissement 10 à 12 minutes, en remuant de temps en temps. Incorporez le vert des ciboules et le pak choi réservés. Faites cuire 2 à 3 minutes de plus. Pendant ce temps, faites pocher les œufs 2 par 2.

- Versez la soupe dans 4 bols. Ajoutez 1 œuf poché et un peu d'huile pimentée dans chaque bol.

10 MINUTES

Salade de riz à l'asiatique

Dans un saladier, mettez 300 g de pak choi blanchi et grossièrement haché, 6 ciboules coupées en fines tranches et 500 g de riz thaï cuit. Dans un bol, mélangez 1 gousse d'ail écrasée, 1 c. à c. de gingembre râpé, ¼ de c. à c. d'huile pimentée, 2 c. à s. de sauce soja légère, le jus de 2 citrons verts, un trait de vinaigre de riz et 4 c. à s. d'huile végétale. Incorporez la sauce à la salade.

20 MINUTES

Nouilles sautées aux légumes

Faites chauffer 2 c. à s. d'huile végétale dans un wok et ajoutez 8 ciboules coupées en tranches, 1 poivron rouge coupé en tranches, 2 gousses d'ail hachées et 1 c. à c. de gingembre frais finement haché. Faites sauter à feu moyen 3 à 4 minutes. Ajoutez 400 g de pak choi grossièrement haché et faites sauter 2 à 3 minutes de plus. Dans un bol, mélangez 1 c. à s. de fécule de maïs, 6 c. à s. de sauce soja légère, 100 ml de bouillon de légumes, 1 c. à c. d'huile pimentée et 4 c. à s. de vinaigre de riz. Versez dans le wok, augmentez le feu et faites cuire 2 à 3 minutes. Ajoutez 400 g de nouilles fraîches aux œufs préalablement cuites. Mélangez bien. Lorsque les nouilles sont chaudes, servez aussitôt.

30 MINUTES

Soupe aux épinards et aux lentilles corail

Pour 4 personnes

250 g de lentilles corail

3 c. à s. d'huile de tournesol

1 gros oignon finement haché

2 gousses d'ail écrasées

2,5 cm de gingembre frais râpé

1 piment rouge épépiné et haché
+ un peu pour servir (facultatif)

1 c. à s. de curry en poudre moyen

300 ml de bouillon de légumes
chaud

200 g de tomates pelées
en conserve

100 g de pousses d'épinard

25 g de coriandre hachée
+ un peu pour servir

100 ml de crème de coco

sel et poivre

4 c. à s. de yaourt nature

- Mettez les lentilles et 900 ml d'eau froide dans une casserole. Portez à ébullition et écumez au fur et à mesure. Baissez le feu et laissez mijoter 10 minutes, jusqu'à ce que les lentilles commencent à se défaire. Retirez du feu et couvrez.

- Faites chauffer l'huile dans une grande casserole, ajoutez l'oignon et faites revenir 5 minutes, à feu doux. Ajoutez l'ail, le gingembre et le piment, et faites revenir 2 minutes. Ajoutez le curry en poudre et ½ cuillerée à café de poivre noir moulu. Faites revenir 2 minutes de plus.

- Ajoutez le bouillon, les lentilles avec leur eau de cuisson, les tomates pelées, les pousses d'épinard, la coriandre et du sel. Couvrez et faites cuire à frémissement 5 minutes, puis ajoutez la crème de coco.

- Mixez la soupe à l'aide d'un mixeur plongeant. Versez dans 4 bols chauds et ajoutez 1 cuillerée à soupe de yaourt nature dans chaque bol, le reste de la coriandre, du poivre noir et du piment haché, si vous le souhaitez.

10 MINUTES

Riz pilaf aux épinards et aux lentilles vertes Faites chauffer 1 c. à s. d'huile dans un wok et faites revenir 1 oignon haché, 2 gousses d'ail hachées, 1 c. à c. de gingembre râpé, 1 piment rouge haché et 1 c. à s. de curry en poudre. Faites sauter 1 à 2 minutes, puis ajoutez 500 g de riz pilaf précuit, 75 g de pousses d'épinard hachées et 100 ml de bouillon de légumes chaud. Mélangez et faites cuire à feu vif 5 à 6 minutes. Ajoutez 200 g de lentilles vertes en conserve égouttées et mélangez. Faites cuire quelques minutes. Salez et poivrez. Servez chaud avec du yaourt nature.

20 MINUTES

Curry aux épinards, aux tomates et au lait de coco Faites chauffer 2 c. à s. d'huile dans une casserole et faites revenir 1 à 2 minutes 1 oignon haché, 2 gousses d'ail hachées, 1 c. à c. de gingembre râpé, 1 piment rouge haché et 1 c. à s. de curry en poudre, puis ajoutez 400 g de tomates coupées en dés, 200 ml de lait de coco et 300 g d'épinards. Salez et poivrez. Faites cuire 10 à 12 minutes. Ajoutez 1 poignée de coriandre hachée et servez avec du riz basmati.

 **MINUTES**

Salade de légumineuses et pousses d'épinard

Pour 4 personnes

150 g de pousses d'épinard

1 grosse carotte grossièrement râpée

150 g de tomates en grappe coupées en quartiers

1 petit poivron rouge épépiné et émincé

400 g de haricots mélangés en conserve, égouttés

100 g de pois chiches en conserve, égouttés

2 c. à s. de graines de courge légèrement grillées

Pour la sauce à l'avocat

1 avocat mûr

1 c. à c. de moutarde de Dijon

le jus de 1 citron

1 c. à c. de miel liquide

un trait de Tabasco

4 c. à s. d'huile d'olive

sel et poivre

- Mélangez les pousses d'épinard et la carotte et disposez-les sur un plat de service ou dans un saladier.

- Ajoutez les tomates et le poivron, puis répartissez les haricots mélangés, les pois chiches et les graines de courge.

- Coupez l'avocat en deux et retirez le noyau. Mettez la chair dans le bol d'un robot et ajoutez la moutarde, le jus de citron, le miel et le Tabasco. Mixez jusqu'à ce que le mélange soit onctueux, puis ajoutez l'huile d'olive et 2 à 3 cuillerées à soupe d'eau chaude, tout en faisant tourner l'appareil. Salez et poivrez.

- Versez la sauce sur la salade et servez aussitôt.

**MINUTES**

Soupe paysanne aux haricots et aux épinards Faites chauffer 800 g de soupe à la tomate veloutée toute prête dans une casserole et ajoutez 400 g de haricots mélangés en conserve égouttés et 200 g de pousses d'épinard hachées. Portez à ébullition et laissez mijoter 5 à 6 minutes. Salez et poivrez.

**MINUTES**

Petits gratins de légumineuses et de légumes Faites chauffer 2 c. à s. d'huile d'olive dans une grande poêle et faites revenir 1 oignon haché, ½ poivron rouge haché et 1 gousse d'ail écrasée. Ajoutez 2 c. à c. de graines de cumin, 2 c. à c. de graines de coriandre écrasées et 1 c. à c. de paprika. Faites cuire 1 minute. Ajoutez 400 g de tomates en grappe coupées en dés, 150 g d'épinards hachés, 200 g de haricots mélangés en conserve égouttés et 200 g de pois chiches en conserve égouttés. Portez à ébullition, puis laissez mijoter 5 minutes. Battez 200 ml de yaourt nature et ajoutez-le aux légumes. Salez et poivrez. Mettez la préparation dans 4 ramequins. Ajoutez 100 g de gruyère râpé et faites cuire 10 à 15 minutes dans un four préchauffé à 220 °C.

MINUTES

Salade de couscous à l'avocat et aux tomates cerises

Pour 4 personnes

200 g de couscous

300 ml de bouillon de légumes chaud ou d'eau chaude

250 g de tomates cerises

2 avocats pelés, dénoyautés et coupés en dés

150 g de mozzarella égouttée et coupée en dés

1 poignée de roquette

Pour la vinaigrette

2 c. à s. de pesto au basilic

1 c. à s. de jus de citron

4 c. à s. d'huile d'olive

sel et poivre

- Mélangez le couscous et le bouillon ou l'eau chaude dans un saladier, couvrez avec une assiette et laissez gonfler 10 minutes.

- Préparez la vinaigrette en mélangeant le pesto et le jus de citron dans un bol. Salez et poivrez. Versez l'huile d'olive peu à peu. Versez sur le couscous et mélangez avec une fourchette.

- Ajoutez les tomates, l'avocat et la mozzarella au couscous. Mélangez bien. Ajoutez la roquette et mélangez délicatement.

MINUTES

Sandwichs aux tomates cerises, avocat et mozzarella

Mélangez 250 g de tomates cerises, 2 avocats et 200 g de mozzarella coupés en dés. Salez et poivrez. Coupez 4 petits pains ciabatta en deux et faites-les griller légèrement. Étalez 2 c. à s. de pesto sur le pain. Répartissez les légumes sur 4 moitiés de pain et ajoutez quelques feuilles de roquette. Recouvrez des autres moitiés de pain pour former des sandwichs.

30MINUTES

Spaghettis aux tomates cerises, avocat et mozzarella

Hachez finement 300 g de tomates cerises, 2 avocats, 50 g de roquette et 200 g de mozzarella. Mettez-les dans un saladier avec 6 c. à s. de pesto prêt à l'emploi et 2 c. à s. d'huile d'olive. Salez, poivrez et mélangez bien. Laissez reposer 15 minutes à température ambiante. Pendant ce temps, faites cuire 375 g de spaghettis en suivant les instructions de l'emballage. Égouttez les spaghettis et mettez-les dans un plat. Ajoutez les légumes et mélangez.

30 MINUTES

Salade César aux légumes et croûtons à l'ail

Pour 4 personnes

2 pommes rouges coupées en dés
4 bâtons de céleri coupés en dés
1 cœur de laitue coupé en morceaux
4 oignons nouveaux émincés
1 petite botte de ciboulette hachée
4 œufs durs écalés et coupés
   en deux

Pour les croûtons

2 tranches de pain de campagne
   coupées en dés
2 c. à c. de sel à l'ail
2 c. à c. d'herbes de Provence
3 c. à s. d'huile d'olive

Pour la vinaigrette

2 gousses d'ail écrasées
2 c. à s. de câpres égouttées
2 c. à s. de jus de citron
2 c. à c. de moutarde de Dijon
1 c. à c. de sucre ou de miel liquide
8 c. à s. de parmesan râpé
100 ml de yaourt nature
sel et poivre

- Pour préparer les croûtons, mettez les morceaux de pain dans un saladier et parsemez-les de sel à l'ail et d'herbes de Provence. Arrosez d'huile d'olive et mélangez.

- Étalez les croûtons sur une plaque de cuisson et faites-les cuire 10 à 12 minutes dans un four préchauffé à 200 °C, jusqu'à ce qu'ils soient dorés et croustillants. Retirez-les du four et réservez-les.

- Pendant ce temps, préparez la vinaigrette. Mettez l'ail, les câpres, le jus de citron, la moutarde, le sucre ou le miel, le parmesan et le yaourt dans le bol d'un robot. Mixez pour obtenir une sauce onctueuse. Ajoutez du poivre noir moulu et du sel. Placez au réfrigérateur jusqu'au moment de servir (vous pouvez aussi préparer la vinaigrette la veille).

- Mettez les pommes, le céleri, la laitue, les oignons nouveaux et la ciboulette dans un grand saladier.

- Mélangez la vinaigrette et la salade. Ajoutez les œufs et les croûtons sur le dessus.

---

10 MINUTES

Salade verte aux croûtons

Dans un saladier, mettez les feuilles de 2 cœurs de romaine ou de laitue et 6 oignons nouveaux, 2 bâtons de céleri et 1 concombre coupés en tranches. Ajoutez 8 c. à s. de vinaigrette prête à l'emploi, 100 g de croûtons prêts à l'emploi, salez, poivrez et mélangez.

20 MINUTES

Salade de pâtes aux œufs

Faites cuire 200 g de pennette ou de pâtes courtes en suivant les instructions de l'emballage. Pendant ce temps, coupez en petits morceaux les feuilles de 1 laitue ou romaine, 6 oignons nouveaux, 2 bâtons de céleri, 1 poignée de ciboulette et 4 œufs durs. Mettez-les dans un grand saladier. Égouttez les pâtes et rincez-les à l'eau froide, égouttez-les de nouveau et mettez-les dans le saladier. Ajoutez 8 c. à s. de vinaigrette prête à l'emploi ou celle de la recette ci-dessus. Mélangez.

20 MINUTES

Salade chaude de pâtes au brocoli et au citron

Pour 4 personnes

375 g de penne ou rigatonis

150 g de fleurettes de brocoli

100 g de fèves de soja surgelées

100 g de petits pois surgelés

100 g de pois gourmands

150 g de fromage frais à l'ail
   et aux fines herbes

le zeste finement râpé
   et le jus de 1 citron

4 c. à s. d'huile d'olive

1 piment rouge épépiné et
   finement haché

100 g de pecorino râpé

2 c. à s. d'estragon haché

sel et poivre

- Faites cuire les pâtes dans une grande casserole en suivant les instructions de l'emballage. Ajoutez les fleurettes de brocoli, les fèves de soja, les petits pois et les pois gourmands 3 minutes avant la fin de la cuisson.

- Égouttez les pâtes et les légumes en réservant 1 louchée d'eau de cuisson. Remettez les pâtes et les légumes dans la casserole.

- Incorporez le fromage frais, le zeste et le jus de citron, l'huile d'olive, le piment, le pecorino, l'estragon, du sel, du poivre et un peu d'eau de cuisson.

- Servez la salade chaude ou à température ambiante.

10 MINUTES

Brocoli sauté aux fèves de soja et aux pois Faites chauffer 2 c. à s. d'huile d'olive dans un wok. Ajoutez 300 g de fleurettes de brocoli blanchies, 100 g de fèves de soja, 100 g de petits pois, 100 g de pois gourmands, 2 gousses d'ail écrasées, 1 piment rouge haché et 1 c. à c. de gingembre frais râpé. Faites sauter à feu vif 4 à 5 minutes, puis ajoutez 100 ml de sauce pour wok prête à l'emploi. Faites cuire 2 à 3 minutes et servez aussitôt avec des nouilles.

30 MINUTES

Gratin de pâtes, brocoli et pois Mettez 500 g de rigatonis cuits dans un plat à gratin huilé avec 150 g de fleurettes de brocoli blanchies, 100 g de petits pois, 100 g de fèves de soja et 100 g de pois gourmands blanchis. Mélangez. Dans un bol, battez 3 œufs avec 1 c. à s. de zeste de citron finement râpé, 2 c. à s. d'estragon finement haché, 1 piment rouge haché et 150 g de fromage frais à l'ail et aux fines herbes. Salez et poivrez. Versez les œufs sur les pâtes, ajoutez 100 g de pecorino râpé sur le dessus et faites cuire 15 à 20 minutes dans un four préchauffé à 220 °C, jusqu'à ce que le dessus soit doré. Servez chaud ou à température ambiante.

3️⃣0️⃣ MINUTES

Salade de boulgour aux légumes rôtis à la marocaine

Pour 4 personnes

2 c. à s. de harissa

2 c. à s. d'huile d'olive

500 g de courge butternut
et de patate douce
coupées en dés

2 poivrons rouges épépinés
et coupés en morceaux

125 g de boulgour

600 ml de bouillon de légumes
chaud

2 gousses d'ail écrasées

le jus de 1 citron

200 ml de yaourt nature

6 c. à s. de coriandre finement
hachée

6 c. à s. de menthe finement
hachée

sel et poivre

- Mélangez la harissa et l'huile d'olive dans un saladier et ajoutez la courge, la patate douce et le poivron rouge. Mélangez pour bien enrober les légumes.

- Étalez les légumes sur une plaque de cuisson et faites-les cuire 20 minutes dans un four préchauffé à 200 °C, jusqu'à ce qu'ils soient tendres et que les bords commencent à noircir.

- Pendant ce temps, mettez le boulgour dans un saladier et ajoutez le bouillon de légumes. Couvrez et faites gonfler 15 minutes, jusqu'à ce que les graines soient tendres mais encore un peu croquantes.

- Dans un bol, mélangez l'ail, le jus de citron et le yaourt. Salez et poivrez.

- Laissez le boulgour refroidir légèrement puis incorporez les légumes grillés, la coriandre et la menthe. Servez chaud avec la sauce au yaourt.

1️⃣0️⃣ MINUTES

Soupe à la harissa et aux légumes grillés Mettez les légumes grillés de la recette ci-dessus dans un blender avec 500 ml de bouillon de légumes chaud, 1 c. à s. de harissa, 3 c. à s. de coriandre hachée et 3 c. à s. de menthe hachée. Mixez et servez dans des bols chauds, avec 1 cuillerée de yaourt nature.

2️⃣0️⃣ MINUTES

Courge butternut et patate douce mijotées à l'orientale Faites chauffer 2 c. à s. d'huile dans une casserole et ajoutez 1 oignon haché, 2 gousses d'ail hachées, 2 poivrons rouges finement hachés et 400 g de courge butternut et de patate douce coupées en dés. Faites sauter 1 à 2 minutes. Ajoutez 500 ml de bouillon de légumes chaud et 1 c. à s. de harissa. Portez à ébullition et faites cuire 10 à 15 minutes jusqu'à ce que les légumes soient tendres. Salez et poivrez. Ajoutez 2 c. à s. de coriandre hachée et 2 c. à s. de menthe hachée. Servez avec du boulgour ou du couscous.

Salade aux œufs de caille et aux pousses d'épinard

Pour 4 personnes

100 g de pousses d'épinard
1 oignon rouge coupé en tranches
200 g de tomates cerises rouges
    et jaunes coupées en deux
1 c. à s. de moutarde à l'ancienne
6 c. à s. d'huile d'avocat
le jus de 1 citron
1 c. à c. de miel liquide
12 œufs de caille durs écalés
sel et poivre

- Mélangez les épinards, l'oignon rouge et les tomates cerises dans un grand saladier.

- Dans un bol, mélangez la moutarde, l'huile d'avocat, le jus de citron et le miel. Salez et poivrez.

- Répartissez la salade dans 4 assiettes.

- Coupez 4 œufs de caille en deux et conservez les autres entiers. Ajoutez les œufs sur la salade et versez la vinaigrette.

10 MINUTES

Sandwichs aux œufs de caille et aux légumes Coupez 4 petits pains ciabatta chauds en deux et étalez sur le fond 2 c. à s. de mayonnaise et 1 c. à s. de moutarde à l'ancienne. Mélangez 1 oignon rouge émincé, 1 petite poignée de pousses d'épinard et 100 g de tomates cerises coupées en tranches. Ajoutez les légumes sur le fond des ciabatta, puis répartissez 12 œufs de caille coupés en deux. Ajoutez la partie supérieure des petits pains pour former des sandwichs.

30 MINUTES

Salade chaude aux œufs de caille et au riz Faites cuire 200 g de riz à cuisson rapide en suivant les instructions de l'emballage. Pendant ce temps, mettez dans un saladier 100 g de pousses d'épinard, 1 oignon rouge finement haché, 400 g de tomates cerises rouges et jaunes coupées en deux et 12 œufs de caille durs écalés. Mélangez 6 c. à s. d'huile d'avocat, le jus de 1 citron, 1 c. à c. de miel liquide et 1 c. à s. de moutarde à l'ancienne. Salez et poivrez.

Versez la vinaigrette dans le saladier, ajoutez le riz chaud et 1 petite poignée de persil plat haché. Mélangez.

20 MINUTES

Salade de pastèque, olives, haricots verts et feta

Pour 4 personnes

300 g de haricots verts coupés en deux

1 oignon rouge

le jus de 2 citrons verts

1,5 kg de pastèque mûre sucrée

250 g de feta

100 g d'olives noires dénoyautées

1 botte de persil grossièrement hachée

1 botte de menthe grossièrement hachée

5 c. à s. d'huile d'olive

sel et poivre

- Faites blanchir les haricots verts 3 minutes dans une casserole d'eau bouillante. Égouttez-les, rincez-les à l'eau froide et réservez-les.

- Coupez l'oignon rouge en deux puis en fines tranches. Dans un saladier, mettez l'oignon, les haricots verts et le jus de citron vert. Laissez mariner quelques instants. Salez.

- Retirez la peau et les pépins de la pastèque et coupez-la en gros dés. Coupez la feta en dés de même taille et mettez-les dans un saladier ou un plat.

- Ajoutez les oignons et les haricots verts avec le jus. Parsemez d'olives noires, de persil et de menthe.

- Salez et poivrez. Ajoutez l'huile d'olive et servez à température ambiante.

10 MINUTES

Salade d'oranges, olives et feta à la marocaine Pelez 4 grosses oranges à vif et prélevez les quartiers de pulpe en récupérant le jus. Mettez-les sur un plat avec 100 g d'olives noires dénoyautées et 250 g de feta coupée en dés. Ajoutez 4 c. à s. d'huile d'olive et 2 c. à c. de ras el-hanout. Salez et poivrez. Mélangez et parsemez de quelques feuilles de menthe.

30 MINUTES

Salade de quinoa aux olives, haricots verts et feta Faites cuire 50 g de quinoa en suivant les instructions de l'emballage, laissez-le refroidir et mettez-le dans un saladier. Pendant ce temps, coupez 3 oignons rouges en quartiers, mettez-les sur une plaque de cuisson, versez 1 c. à s. d'huile d'olive et faites-les cuire 12 à 15 minutes dans un four préchauffé à 220 °C. Faites blanchir 625 g de haricots verts coupés en deux 3 minutes dans une casserole d'eau bouillante. Égouttez-les, passez-les sous l'eau froide et ajoutez-les au quinoa. Ajoutez l'oignon rouge grillé, 1 poignée de menthe et de persil hachés, 100 g d'olives vertes et 200 g de feta coupée en dés. Salez et poivrez. Ajoutez le jus de 1 orange et 5 c. à s. d'huile d'olive. Mélangez.

10 MINUTES

Salade de tortellinis aux poivrons et aux champignons

Pour 4 personnes

600 g de tortellinis frais
   aux épinards et à la ricotta
275 g de poivrons grillés à l'huile
   d'olive coupés en tranches
275 g d'un mélange de
   champignons à l'huile d'olive
   égouttés
200 g de tomates séchées
   à l'huile d'olive égouttées
25 g de basilic
50 g de roquette
sel et poivre noir

- Portez une grande casserole d'eau légèrement salée à ébullition. Faites cuire les tortellinis en suivant les instructions de l'emballage. Égouttez-les et mettez-les dans un saladier.

- Ajoutez les poivrons avec leur huile, ainsi que les champignons et les tomates séchées.

- Ajoutez le basilic et la roquette. Poivrez. Mélangez et servez chaud.

20 MINUTES

Soupe de pâtes à l'italienne
Portez 1 litre de bouillon de légumes à ébullition dans une grande casserole et ajoutez 1 carotte, 1 oignon et 1 bâton de céleri coupés en dés. Faites cuire 10 minutes à partir de la reprise de l'ébullition. Ajoutez 600 g de tortellinis frais aux épinards et à la ricotta, et faites cuire 3 à 4 minutes. Retirez du feu et ajoutez 25 g de basilic haché et 25 g de roquette hachée. Servez dans des bols chauds.

30 MINUTES

Gratin de tortellinis Faites cuire 600 g de tortellinis frais aux épinards et à la ricotta, égouttez-les et mélangez-les dans un plat à gratin avec 200 g de poivrons grillés en bocal, 200 g de tomates séchées et 25 g de basilic haché. Fouettez 2 œufs, 200 ml de crème fraîche et 50 g de parmesan râpé. Salez et poivrez. Versez sur les tortellinis. Faites cuire 15 à 20 minutes dans un four préchauffé à 200 °C, jusqu'à ce que le gratin soit doré. Servez chaud avec une salade de roquette.

 **MINUTES**

Salade fattoush

Pour 4 personnes

1 pain pita coupé en petits
   morceaux

6 tomates roma épépinées
   et coupées en dés

½ concombre pelé
   et coupé en dés

10 radis coupés en tranches

1 oignon rouge grossièrement
   haché

1 cœur de laitue

quelques feuilles de menthe

Pour la vinaigrette

200 ml d'huile d'olive

le jus de 3 citrons

1 gousse d'ail écrasée

2 c. à c. de sumac
   ou ½ c. à c. de cumin moulu

sel et poivre

- Préparez la vinaigrette en mélangeant dans un bol l'huile d'olive, le jus de citron, l'ail, le sumac ou le cumin, du sel et du poivre.

- Pour préparer la salade, mélangez les morceaux de pita, les tomates, le concombre, les radis, l'oignon rouge, la laitue et la menthe dans un saladier.

- Au moment de servir, versez la vinaigrette sur la salade et remuez délicatement. Ajoutez quelques feuilles de menthe.

**MINUTES**

Salade de couscous à l'orientale
Remplacez le pain pita de la recette ci-dessus par 400 g de couscous cuit. Ajoutez la vinaigrette, mélangez et servez.

30 MINUTES

Pita au houmous et salade composée Coupez en petits dés 4 tomates roma, ½ concombre, 6 radis et ½ oignon rouge. Mettez-les dans un saladier avec 1 gousse d'ail écrasée, 4 c. à s. d'huile d'olive, 2 c. à c. de sumac et le jus de 1 citron. Salez et poivrez. Mélangez bien. Laissez mariner 15 minutes. Pendant ce temps, faites griller 8 pains pita et mettez-les dans 4 assiettes. Étalez 2 c. à s. de houmous sur chaque pita et recouvrez de salade. Parsemez de feuilles de menthe hachées.

Salade de pommes de terre aux fruits

Pour 4 personnes

300 g de pommes de terre
    nouvelles brossées et lavées
les segments de 2 oranges pelées
    à vif
2 pommes rouges épépinées
    et coupées en dés
100 g de raisin vert et rouge
    sans pépins
2 bâtons de céleri émincés
6 oignons nouveaux coupés
    en tranches
4 gros cornichons coupés en dés

Pour la sauce

6 c. à s. de mayonnaise
le jus de 1 citron
1 c. à c. de miel liquide
1 c. à s. de moutarde à l'ancienne
3 c. à s. d'aneth finement haché
3 c. à s. de ciboulette finement
    hachée
sel et poivre

- Préparez la sauce en mélangeant tous les ingrédients dans un bol. Salez et poivrez.

- Faites cuire les pommes de terre dans de l'eau bouillante 15 à 20 minutes ; elles doivent être cuites mais légèrement fermes. Égouttez-les et faites-les refroidir légèrement pour pouvoir les manipuler. Coupez-les en deux ou en quatre.

- Mettez les pommes de terre dans un saladier avec le reste des ingrédients de la salade. Ajoutez la sauce et mélangez délicatement. Placez la salade au réfrigérateur jusqu'au moment de servir.

10 MINUTES

Salade de pâtes aux fruits
Remplacez les pommes de terre par 200 g de penne et faites-les cuire en suivant les instructions de l'emballage. Mettez-les dans un saladier avec les oranges, les pommes, le raisin, le céleri et les oignons nouveaux. Ajoutez la sauce et mélangez.

20 MINUTES

Gratin de pommes de terre aux oignons nouveaux Mettez 625 g de pommes de terre nouvelles cuites et coupées en rondelles dans un plat à four huilé. Ajoutez et mélangez 6 oignons nouveaux coupés en fines tranches, 2 bâtons de céleri coupés en fines tranches et 2 cornichons coupés en dés. Mélangez 10 c. à s. de mayonnaise fraîche, 2 c. à s. de moutarde à l'ancienne, 3 c. à s. d'aneth haché, 3 c. à s. de ciboulette hachée et 1 œuf. Versez cette sauce sur les légumes et faites dorer 4 à 5 minutes sous le gril du four préchauffé. Servez aussitôt.

10 MINUTES

Salade de riz basmati aux herbes et au concombre

Pour 4 personnes

1 oignon rouge finement haché

6 tomates mûres finement
   hachées

1 concombre finement haché

1 piment rouge frais épépiné
   et finement haché

1 petite poignée de coriandre
   finement hachée

1 petite poignée de menthe
   finement hachée

400 g de riz basmati cuit froid

le jus de 2 citrons verts

2 c. à s. de cacahuètes grillées
   grossièrement hachées

sel et poivre

- Mettez l'oignon, les tomates, le concombre, le piment, la coriandre, la menthe et le riz dans un saladier, et versez le jus de citron vert.

- Salez et poivrez. Couvrez et laissez mariner 5 à 6 minutes à température ambiante.

- Avant de servir, mélangez bien et parsemez la salade de cacahuètes hachées.

20 MINUTES

**Linguine aux tomates,
au piment et aux herbes**

Faites cuire 375 g de linguine
en suivant les instructions de
l'emballage. Hachez 1 oignon
rouge, 6 tomates, 1 piment rouge
et 1 petite poignée de coriandre
et de menthe. Mettez les
légumes dans un saladier avec
6 c. à s. d'huile d'olive, du sel et
du poivre. Mélangez. Égouttez
les pâtes et répartissez-les dans
4 assiettes. Ajoutez la salade sur
les pâtes et servez.

30 MINUTES

**Gratin de riz au fromage
et aux légumes** Mettez 1 oignon
rouge haché, 6 tomates coupées
en dés, 1 piment rouge haché
et 250 g de riz basmati cuit
dans un plat à four légèrement
huilé. Battez 4 œufs dans un
bol avec 1 c. à c. de gingembre
frais râpé, 1 c. à c. d'ail haché,
3 c. à s. de coriandre finement
hachée et 3 c. à s. de menthe
finement hachée, du sel et du
poivre. Versez cette préparation
dans le plat, ajoutez 200 g de
gruyère râpé et faites cuire
20 à 25 minutes dans un four
préchauffé à 200 °C, jusqu'à ce
que le dessus soit doré. Servez
avec une salade verte.

Salade de moughrabieh aux poivrons et au citron confit

Pour 4 personnes

200 g de moughrabieh

750 ml de bouillon de légumes chaud

2 gousses d'ail écrasées

½ c. à c. de gingembre frais râpé

1 c. à c. de cumin moulu

¼ de c. à c. de cannelle moulue

1 c. à s. de zeste d'orange

100 g de graines de courge

4 c. à s. d'huile d'olive

1 poivron rouge et 1 poivron jaune épépinés et coupés en petits dés

4 oignons nouveaux émincés

100 g de tomates cerises coupées en quatre

1 c. à s. de citron confit en saumure, égoutté et finement haché

le jus de 1 grosse orange

2 c. à s. de coriandre hachée

2 c. à s. de menthe hachée

- Mettez le moughrabieh dans une casserole avec le bouillon, l'ail, le gingembre, le cumin, la cannelle et le zeste d'orange. Portez à ébullition, baissez le feu et laissez mijoter 10 à 12 minutes, jusqu'à ce que les graines soient tendres.

- Pendant ce temps, faites griller à sec les graines de courge dans une poêle.

- Égouttez le moughrabieh et mettez-le dans un grand saladier avec l'huile d'olive, les poivrons, les oignons nouveaux, les tomates cerises et le citron confit.

- Ajoutez le jus d'orange, les herbes hachées et les graines de courge. Mélangez délicatement et servez aussitôt.

---

10 MINUTES

Soupe au moughrabieh et aux légumes Coupez 1 poivron rouge et 1 poivron jaune en dés. Mettez-les dans une casserole avec 4 oignons nouveaux émincés, 1 gousse d'ail écrasée et 1,2 litre de bouillon de légumes chaud. Portez à ébullition et faites cuire à feu vif 6 à 7 minutes. Ajoutez 100 g de moughrabieh cuit, 2 c. à s. de coriandre hachée et 2 c. à s. de menthe hachée. Salez et poivrez.

30 MINUTES

Tajine aux poivrons Faites chauffer 3 c. à s. d'huile d'olive dans une casserole et ajoutez 4 oignons nouveaux hachés, 2 gousses d'ail hachées, 1 c. à c. de gingembre frais râpé, 1 c. à c. de cumin moulu, ¼ de c. à c. de cannelle moulue et 2 poivrons épépinés et coupés en dés (1 jaune et 1 rouge). Faites revenir 2 à 3 minutes, puis versez 500 ml de bouillon de légumes chaud. Portez à ébullition, baissez le feu et laissez mijoter 10 à 12 minutes. Ajoutez 1 c. à s. de citron confit haché. Mélangez 1 c. à s. de fécule de maïs et 2 c. à s. d'eau froide dans une tasse. Ajoutez ce mélange dans la casserole. Faites cuire jusqu'à ce que la sauce épaississe légèrement. Hors du feu, ajoutez de la coriandre hachée. Servez avec du couscous ou du riz.

Salade de lentilles, champignons et poivrons

Pour 4 personnes

4 c. à s. d'huile d'olive

300 g de champignons de Paris coupés en deux ou en quatre

2 c. à s. de vinaigre de cidre

1 c. à s. de moutarde de Dijon

200 g de poivrons piquillos en bocal, égouttés et coupés en morceaux

6 oignons nouveaux coupés en fines tranches

400 g de lentilles vertes en conserve, égouttées et rincées

3 cœurs de laitue

100 g de fromage de chèvre

poivre noir

- Faites chauffer 2 cuillerées à soupe d'huile d'olive dans une poêle antiadhésive. Ajoutez les champignons et faites-les revenir à feu vif, jusqu'à ce qu'ils commencent à ramollir.

- Retirez du feu et ajoutez le reste de l'huile ainsi que le vinaigre et la moutarde. Mélangez bien. Ajoutez les poivrons, les oignons nouveaux et les lentilles. Mélangez bien.

- Disposez les feuilles de salade sur 4 assiettes. Ajoutez la salade de lentilles, le fromage de chèvre émietté et du poivre noir fraîchement moulu.

10 MINUTES

Riz aux lentilles et aux champignons Faites chauffer 3 c. à s. d'huile d'olive dans une poêle, à feu vif. Ajoutez 6 oignons nouveaux hachés et 300 g de champignons de Paris émincés. Faites sauter 2 à 3 minutes. Ajoutez 500 g de riz basmati cuit, 4 c. à s. de poivrons piquillos coupés en morceaux et 200 g de lentilles vertes en conserve égouttées. Faites revenir 3 à 4 minutes. Parsemez de 100 g de fromage de chèvre avant de servir.

30 MINUTES

Curry de champignons et de lentilles Faites chauffer 2 c. à s. d'huile d'olive dans une casserole et faites revenir 2 à 3 minutes à feu doux 6 oignons nouveaux hachés, 2 gousses d'ail hachées et 1 c. à c. de gingembre frais finement râpé. Ajoutez 2 c. à c. de graines de cumin, 1 c. à c. de graines de moutarde noire et 2 c. à s. de curry en poudre doux. Faites revenir 1 à 2 minutes. Ajoutez 400 g de champignons de Paris émincés et faites sauter à feu vif 3 à 4 minutes. Ajoutez 400 g de lentilles vertes en conserve, 200 g de tomates hachées et 200 ml de bouillon de légumes. Portez à ébullition, baissez le feu et laissez mijoter à feu doux 15 à 20 minutes. Hors du feu, ajoutez 4 c. à s. de crème fraîche, du sel et du poivre. Servez avec du riz ou des naans chauds.

 **MINUTES**

Salade de betteraves à la russe

Pour 4 personnes

2 ou 3 pommes de terre fermes

2 betteraves moyennes cuites

100 g de petits pois frais écossés

100 g de minicarottes

½ petit chou-fleur coupé
en petites fleurettes

100 g de haricots verts coupés
en morceaux

3 gros œufs durs

6 cornichons à l'aneth finement
hachés

6 c. à s. de mayonnaise

sel et poivre

1 petit bouquet d'aneth

- Pelez les pommes de terre et coupez-les en dés de 1 cm. Faites-les cuire dans une casserole d'eau bouillante légèrement salée 10 à 12 minutes à compter de la reprise de l'ébullition.

- Coupez les betteraves en dés de la même taille que les pommes de terre et mettez-les dans un grand saladier.

- Pendant ce temps, faites blanchir les petits pois, les carottes, le chou-fleur et les haricots 3 à 4 minutes. Égouttez-les et laissez-les refroidir.

- Écalez les œufs et coupez-les en deux.

- Ajoutez les légumes et les cornichons dans le saladier. Incorporez la mayonnaise. Salez et poivrez. Ajoutez les œufs durs et quelques brins d'aneth sur le dessus.

**MINUTES**

Sauté de légumes Faites chauffer 3 c. à s. d'huile d'olive dans une poêle et ajoutez 1 oignon haché, 300 g de betteraves, 300 g de pommes de terre, 300 g de carottes cuites et coupées en dés, 200 g de petits pois et 300 g de haricots verts. Faites sauter à feu vif 6 à 7 minutes, salez, poivrez et retirez du feu. Servez avec du riz ou du pain de campagne.

**MINUTES**

Soupe de légumes Mettez dans une casserole 100 g de betteraves, 100 g de pommes de terre, 100 g de carottes cuites et coupées en dés, 200 g de petits pois et 200 g de haricots verts coupés en morceaux. Ajoutez 750 ml de bouillon de légumes chaud et portez à ébullition. Faites cuire à feu vif 10 minutes et ajoutez 200 ml de crème liquide et 4 c. à s. d'aneth finement haché. Salez et poivrez.

Halloumi grillé et salade de poivrons et roquette

Pour 4 personnes

24 tomates cerises en grappe
200 g de poivrons marinés
   à l'huile d'olive, égouttés
   et coupés en tranches
100 g de roquette
400 g de halloumi coupé
   en tranches

Pour la vinaigrette

le zeste râpé et 2 c. à s. de jus
   de ½ citron
5 c. à s. d'huile d'olive
1 poignée de persil plat haché
2 c. à s. de câpres égouttées
   et rincées
poivre noir

- Préparez la vinaigrette en mélangeant le zeste et le jus de citron, l'huile d'olive, le persil, les câpres et le poivre noir. Réservez.

- Coupez les tomates en deux et répartissez-les dans 4 assiettes avec les poivrons et la roquette.

- Mettez les tranches de halloumi sur un gril en fonte préchauffé et glissez-les sous le gril du four préchauffé à température moyenne. Faites cuire 2 à 3 minutes de chaque côté, jusqu'à ce que le halloumi soit chaud.

- Répartissez le halloumi chaud dans les assiettes, versez la vinaigrette et servez aussitôt.

Wraps de halloumi grillé à la méditerranéenne

Dans un grand saladier, mélangez 2 c. à s. de câpres, 300 g de tomates cerises coupées en deux, 200 g de poivrons grillés à l'huile coupés en dés et 40 g de roquette hachée. Ajoutez le jus de 1 citron vert, salez et poivrez. Pendant ce temps, faites chauffer 200 g de halloumi coupé en tranches et 4 grands pains plats pour wraps dans un four préchauffé à 150 °C. Pour servir, répartissez les légumes et le halloumi sur les 4 wraps et formez des rouleaux.

Pâtes au halloumi, à la roquette et aux tomates cerises

Coupez 300 g de halloumi en dés. Faites chauffer 4 c. à s. d'huile d'olive dans une poêle. Ajoutez le halloumi et faites-le dorer légèrement. Retirez-le de la poêle avec une écumoire et réservez. Mettez 2 gousses d'ail écrasées dans la poêle et faites sauter 1 minute. Ajoutez 300 g de tomates cerises et 1 piment rouge finement haché. Faites cuire 10 minutes, à feu doux. Pendant ce temps, faites cuire 375 g de pâtes courtes en suivant les instructions de l'emballage.

Ajoutez 50 g de roquette 1 minute avant la fin de la cuisson. Égouttez les pâtes et ajoutez-les aux tomates cerises dans la poêle. Mélangez. Ajoutez le halloumi sur le dessus, salez, poivrez et servez.

20 MINUTES

Salade de quinoa, courgette et grenade

Pour 4 personnes

75 g de quinoa
1 grosse courgette
1 c. à s. de vinaigre de vin blanc
4 c. à s. d'huile d'olive
4 oignons nouveaux coupés émincés
100 g de tomates cerises coupées
en deux
1 piment rouge finement haché
100 g de grains de grenade
(ou les grains de ½ grenade)
1 petite poignée de persil plat
finement haché
sel et poivre

- Faites cuire le quinoa en suivant les instructions de l'emballage. Égouttez-le et rincez-le à l'eau froide. Égouttez-le de nouveau.

- Coupez les extrémités de la courgette et taillez-la en rubans à l'aide d'un épluche-légumes.

- Mélangez le vinaigre et 2 cuillerées à soupe d'huile d'olive dans un bol. Salez et poivrez.

- Mettez tous les ingrédients de la salade dans un saladier, ajoutez la vinaigrette et mélangez.

10 MINUTES

Courgettes sautées aux oignons nouveaux Faites chauffer 2 c. à s. d'huile d'olive dans un wok et ajoutez 2 courgettes grossièrement râpées, 6 oignons nouveaux émincés et 100 g de tomates cerises coupées en dés. Faites sauter 3 à 4 minutes, à feu vif. Ajoutez 100 ml de sauce pour wok prête à l'emploi et faites revenir 2 à 3 minutes. Servez avec des nouilles ou du riz.

30 MINUTES

Salade de quinoa, courgettes et aubergines grillées Faites cuire 50 g de quinoa en suivant les instructions de l'emballage. Pendant ce temps, coupez 2 grosses courgettes et 1 aubergine en tranches de 1 cm d'épaisseur. Badigeonnez-les d'un peu d'huile d'olive et faites-les cuire dans une poêle-gril chaude, 4 à 5 minutes de chaque côté. Mettez-les dans un grand saladier et ajoutez 4 oignons nouveaux émincés, 100 g de tomates cerises coupées en deux et le quinoa cuit. Mélangez 4 c. à s. d'huile d'olive et 1 c. à s. de vinaigre de vin blanc. Ajoutez cette vinaigrette à la salade, salez, poivrez et parsemez de feuilles de menthe.

Dîners express

Recettes par temps de préparation

10 MINUTES

Pizzas aux légumes grillés

Pour 4 personnes

2 pâtes à pizza prêtes à l'emploi
d'environ 23 cm de diamètre

400 g de sauce tomate
pour pizza prête à l'emploi

16 à 20 olives noires dénoyautées

400 g de poivrons grillés
à l'huile d'olive en bocal,
égouttés et coupés en dés

200 g de tomates séchées

3 c. à s. de câpres

8 cœurs d'artichaut à l'huile,
égouttés et coupés en quatre

250 g de mozzarella coupée
en dés

persil ou origan grossièrement
haché

- Préchauffez le four à 220 °C.

- Mettez les pâtes à pizza sur 2 plaques de cuisson.

- Étalez la sauce tomate sur la pâte de manière uniforme et garnissez d'olives, de poivrons, de tomates séchées, de câpres, de cœurs d'artichaut et de mozzarella.

- Faites cuire au four 12 à 15 minutes, jusqu'à ce que les pizzas soient dorées et croustillantes.

- Sortez les pizzas du four et ajoutez le persil ou l'origan haché avant de servir.

10 MINUTES

Salade méditerranéenne au poivron Dans un saladier, mettez 625 g de poivrons jaunes et rouges grillés en bocal, égouttés, 25 olives noires dénoyautées, 200 g de tomates séchées, 4 c. à s. de câpres, 8 cœurs d'artichaut à l'huile, 250 g de mozzarella coupée en tranches, 1 poignée de roquette, 4 c. à s. d'huile d'olive et le jus de 1 citron. Salez et poivrez. Mélangez.

30 MINUTES

Salade de riz chaude à la méditerranéenne Mettez 250 g de riz à longs grains dans une casserole avec 500 ml de bouillon de légumes. Portez à ébullition, couvrez et baissez le feu. Faites cuire à feu doux 15 minutes, arrêtez le feu et laissez reposer 10 à 15 minutes de plus. Pendant ce temps, mettez dans un saladier 200 g de poivrons jaunes et rouges grillés en bocal, égouttés, 25 g d'olives noires dénoyautées, 200 g de tomates séchées, 4 c. à s. de câpres et 250 g de mozzarella coupée en dés. Détachez les grains de riz avec une fourchette, puis ajoutez les légumes et 1 petite poignée de basilic haché. Salez et poivrez. Mélangez et servez chaud.

30 MINUTES

Haricots cornilles et poivron rouge mijotés

Pour 4 personnes

2 c. à s. d'huile d'olive

4 échalotes finement hachées

2 gousses d'ail écrasées

2 bâtons de céleri coupés en dés

1 grosse carotte coupée
en morceaux de 1 cm

1 poivron rouge épépiné et coupé
en morceaux de 1 cm

1 c. à c. d'herbes de Provence

2 c. à c. de cumin moulu

1 c. à c. de cannelle moulue

800 g de tomates pelées
en conserve

2 c. à s. de pesto de tomates
séchées

75 ml de bouillon de légumes

800 g de haricots cornilles (à œil
noir) en conserve, égouttés

4 c. à s. de coriandre finement
hachée + quelques feuilles

sel et poivre

riz basmati cuit pour servir

- Faites chauffer l'huile d'olive dans une grande poêle à feu vif.

- Ajoutez les échalotes, l'ail, le céleri, la carotte et le poivron rouge. Faites sauter 2 à 3 minutes jusqu'à ce que les légumes commencent à dorer.

- Ajoutez les herbes de Provence, le cumin, la cannelle, les tomates, le pesto de tomates séchées et le bouillon de légumes. Portez à ébullition, baissez le feu et laissez mijoter 12 à 15 minutes jusqu'à ce que les légumes soient tendres. Écrasez les tomates en petits morceaux à l'aide d'une cuillère en bois à la fin de la cuisson.

- Ajoutez les haricots et faites chauffer 2 à 3 minutes.

- Salez et poivrez. Retirez du feu et ajoutez la coriandre hachée. Décorez de feuilles de coriandre et servez avec du riz basmati.

10 MINUTES

Salade de haricots cornilles et de légumes Dans un saladier, mélangez 2 carottes, 2 bâtons de céleri, 1 poivron rouge, 2 tomates et 2 échalotes coupés en dés et 4 c. à s. d'huile d'olive, le jus de 2 citrons verts, 400 g de haricots cornilles en conserve, égouttés, du sel, du poivre et 1 grosse poignée de coriandre et de menthe hachées. Servez avec du pain.

20 MINUTES

Soupe aux haricots cornilles et aux légumes Coupez en petits dés 1 carotte, 2 bâtons de céleri et 2 échalotes. Mettez-les dans une grande casserole avec 2 gousses d'ail écrasées, 2 c. à s. de pesto de tomates séchées, 2 c. à c. d'herbes de Provence et 1 litre de bouillon de légumes chaud. Portez à ébullition, puis baissez le feu et faites cuire à feu moyen 10 à 12 minutes sans couvrir. Ajoutez 800 g de haricots cornilles en conserve, égouttés, et portez à ébullition. Salez et poivrez. Retirez du feu et servez dans des bols chauds, avec du pain de campagne.

30 MINUTES

Risonis aux courgettes

Pour 4 personnes

375 g de risonis

1 c. à s. de beurre

1 c. à s. d'huile d'olive

1 piment rouge épépiné
et finement haché

2 gousses d'ail finement hachées

4 oignons nouveaux
très finement hachés

3 courgettes moyennes
grossièrement râpées

le zeste de 1 petit citron
non traité

150 g de fromage frais à l'ail
et aux herbes

4 c. à s. de persil plat finement
haché

sel et poivre

- Portez une grande casserole d'eau salée à ébullition et faites cuire les pâtes en suivant les instructions de l'emballage.

- Pendant ce temps, faites chauffer le beurre et l'huile d'olive dans une grande poêle. Ajoutez le piment, l'ail, les oignons nouveaux et les courgettes. Faites cuire 10 à 15 minutes, à feu moyen, en remuant souvent.

- Baissez le feu et ajoutez le zeste de citron. Faites cuire à feu doux 3 à 4 minutes, ajoutez le fromage frais et mélangez bien. Salez et poivrez.

- Égouttez les pâtes et ajoutez-les aux courgettes. Incorporez le persil, mélangez et servez aussitôt.

10 MINUTES

Courgettes sautées aux oignons nouveaux et au piment
Faites chauffer 2 c. à s. d'huile d'olive dans une grande poêle. Ajoutez 6 oignons nouveaux coupés en tranches, 2 gousses d'ail écrasées, 1 piment rouge haché et 3 courgettes grossièrement râpées. Faites sauter à feu vif 4 à 5 minutes et ajoutez 600 g de nouilles de riz fraîches et 4 c. à s. de sauce soja légère. Mélangez et faites sauter 2 à 3 minutes de plus.

20 MINUTES

Salade de risonis aux courgettes, tomates cerises et menthe Faites cuire 375 g de risonis en suivant les instructions de l'emballage. Pendant ce temps, mettez dans un grand saladier 2 courgettes grossièrement râpées, 4 oignons nouveaux émincés, 4 c. à s. de menthe finement hachée et 200 g de tomates cerises coupées en deux. Dans un bol, mélangez 1 piment rouge finement haché, 2 gousses d'ail écrasées, 6 c. à s.

d'huile d'olive, le jus de 1 citron et 1 c. à c. de miel. Salez et poivrez. Égouttez les pâtes et rincez-les à l'eau froide pour les refroidir. Égouttez-les de nouveau et mettez-les dans le saladier. Ajoutez la vinaigrette et mélangez.

 **MINUTES**

Omelette à la grecque

Pour 4 personnes

8 gros œufs

1 c. à c. d'origan séché

1 c. à s. de menthe finement hachée

4 c. à s. de persil plat finement haché

2 c. à s. d'huile d'olive

2 petits oignons rouges pelés et grossièrement hachés

2 grosses tomates mûres coupées en dés

½ courgette coupée en dés

100 g d'olives noires dénoyautées

100 g de feta

sel et poivre

1 salade verte pour servir (facultatif)

- Battez les œufs dans un saladier et ajoutez l'origan, la menthe et le persil. Salez et poivrez.

- Faites chauffer l'huile d'olive dans une grande poêle antiadhésive. Ajoutez les oignons rouges et faites revenir 3 à 4 minutes, à feu vif, jusqu'à ce qu'ils commencent à brunir.

- Ajoutez les tomates, la courgette et les olives. Faites cuire 3 à 4 minutes, jusqu'à ce que les légumes commencent à être tendres.

- Pendant ce temps, préchauffez le gril du four à température moyenne-forte.

- Baissez le feu et versez les œufs dans la poêle. Faites cuire 3 à minutes à feu moyen en remuant jusqu'à ce qu'ils commencent à prendre, en veillant à ce que l'omelette soit encore baveuse par endroits.

- Parsemez la feta sur le dessus et glissez la poêle pour 4 à 5 minutes sous le gril du four préchauffé à température moyenne, jusqu'à ce que l'omelette soit gonflée et dorée.

- Coupez en parts et servez avec une salade verte, si vous le souhaitez.

10 MINUTES

Salade à la grecque Coupez en fines tranches 2 oignons rouges, 4 tomates et 1 concombre. Mettez-les dans un saladier avec 200 g de feta coupée en dés et 100 g d'olives noires dénoyautées. Versez 6 c. à s. d'huile d'olive et 1 c. à c. d'origan séché. Salez et poivrez. Mélangez.

20 MINUTES

Salade de pâtes chaude à la grecque Faites cuire 250 g de pâtes courtes en suivant les instructions de l'emballage. Pendant ce temps, coupez en dés 2 petits oignons rouges, 100 g d'olives noires dénoyautées, 4 tomates et ½ concombre. Mettez-les dans un saladier avec 1 poignée de menthe hachée. Dans un bol, mélangez 1 gousse d'ail écrasée, 6 c. à s. d'huile d'olive, 2 c. à s. de vinaigre, 1 c. à c. de moutarde, 1 c. à c. d'origan séché, du sel et du poivre. Mettez les pâtes égouttées et la vinaigrette dans le saladier. Mélangez le tout et servez chaud.

 **MINUTES**

Pâtes aux betteraves

Pour 4 personnes

375 g de pâtes à cuisson rapide
400 g de betteraves cuites
200 ml de crème fraîche
4 c. à s. de ciboulette hachée
4 c. à s. d'aneth haché
sel et poivre

- Faites cuire les pâtes en suivant les instructions de l'emballage.

- Pendant ce temps, coupez les betteraves en dés et ajoutez-les dans la casserole avec les pâtes 1 minute avant la fin de la cuisson.

- Égouttez les pâtes et les betteraves, puis remettez-les dans la casserole. Ajoutez la crème fraîche et les herbes.

- Salez et poivrez. Servez aussitôt.

**MINUTES**

Risotto express aux betteraves et aux herbes Mixez 250 g de betteraves cuites coupées en dés, 6 c. à s. de crème fraîche et 100 ml de bouillon de légumes dans un robot, jusqu'à ce que le mélange soit lisse. Faites chauffer 3 c. à s. d'huile d'olive dans une poêle et faites fondre 3 à 4 minutes 1 gousse d'ail écrasée et 1 oignon finement haché. Ajoutez les betteraves mixées et 500 g de riz basmati cuit. Faites sauter à feu vif 4 à 5 minutes. Salez et poivrez. Ajoutez un peu de ciboulette et d'aneth hachés. Servez avec de la crème fraîche, de la betterave coupée en dés et de l'aneth haché.

30 MINUTES

Riz pilaf épicé aux betteraves Faites chauffer 2 c. à s. d'huile et 2 c. à s. de beurre dans une casserole. Faites revenir 1 à 2 minutes 2 échalotes hachées et 1 gousse d'ail hachée, à feu moyen. Ajoutez 1 bâton de cannelle, 3 c. à c. de graines de cumin, 1 c. à c. de curry en poudre, 1 c. à c. de graines de coriandre écrasées, 400 g de riz basmati à cuisson rapide, 300 g de betteraves cuites coupées en dés et 1 carotte coupée en dés. Mélangez bien. Ajoutez 900 ml de bouillon de légumes chaud, salez et poivrez. Portez à ébullition, couvrez, baissez le feu au minimum. Faites cuire 10 à 12 minutes sans retirer le couvercle. Laissez reposer 10 minutes hors du feu. Retirez le couvercle et détachez les grains de riz avec une fourchette.

30 MINUTES

Curry vert aux légumes

Pour 4 personnes

2 piments rouges (facultatif)

200 g de carottes

250 g de courge butternut

1 c. à s. d'huile de tournesol

3 c. à s. de pâte de curry vert thaïe

400 ml de lait de coco en conserve

200 ml de bouillon de légumes

6 feuilles de kaffir
ou 1 c. à s. de zeste de citron vert finement râpé

2 c. à s. de sauce soja

1 c. à s. de sucre roux

100 g de pois gourmands

10 c. à s. de coriandre très finement hachée

le jus de 1 citron vert

riz thaï cuit pour servir

- Épépinez les piments et coupez-les en fines tranches si vous en utilisez. Pelez les carottes et coupez-les en bâtonnets. Pelez la courge butternut et retirez les graines. Coupez la chair en morceaux de 1,5 cm.

- Faites chauffer l'huile dans un wok ou une casserole. Ajoutez la pâte de curry et les piments. Faites revenir 2 à 3 minutes.

- Ajoutez le lait de coco, le bouillon, les feuilles de kaffir ou le zeste de citron vert, la sauce soja, le sucre, les carottes et la courge. Laissez mijoter à découvert 6 à 8 minutes, en remuant de temps en temps.

- Ajoutez les pois gourmands et faites cuire 4 à 5 minutes de plus.

- Retirez du feu et ajoutez la coriandre et le jus de citron vert.

- Servez dans des bols chauds avec du riz thaï.

10 MINUTES

Soupe de légumes à la thaïlandaise Mettez 1 c. à s. de pâte de curry vert thaïe dans une casserole avec 400 ml de lait de coco et 300 ml de bouillon de légumes. Portez à ébullition et ajoutez 200 g de pois gourmands, 200 g de petits pois et 400 g de grains de maïs. Faites cuire 5 à 6 minutes, puis retirez du feu et ajoutez 6 c. à s. de coriandre hachée et le jus de 1 citron vert.

20 MINUTES

Riz aux légumes à la thaïlandaise Faites chauffer 1 c. à s. d'huile de tournesol dans un wok ou une poêle et ajoutez 2 échalotes coupées en tranches, 200 g de carottes coupées en dés, 200 g de courge butternut coupée en dés et 200 g de pois gourmands coupés en morceaux. Faites sauter à feu vif 4 à 5 minutes, puis ajoutez 2 c. à s. de pâte de curry vert thaïe et 200 ml de lait de coco. Mélangez et faites cuire à feu vif 4 à 5 minutes, puis ajoutez 500 g de riz basmati cuit. Mélangez et faites chauffer 3 à 4 minutes. Salez et poivrez. Ajoutez de la coriandre hachée, puis servez.

 **MINUTES**

Polenta aux champignons

Pour 4 personnes

150 g de polenta

1 c. à s. de romarin finement haché

1 c. à s. de sauge finement hachée

8 c. à s. de persil plat finement haché

8 c. à s. de beurre

1,5 litre de bouillon de légumes chaud

750 g de gros champignons de Paris émincés

3 gousses d'ail écrasées

8 c. à s. de fromage frais à l'ail et aux herbes

½ c. à c. de flocons de piment séché

sel et poivre

- Mettez la polenta, le romarin, la sauge, la moitié du persil et du beurre dans une casserole. Faites chauffer à feu moyen et ajoutez le bouillon peu à peu tout en remuant sans cesse.

- Baissez le feu, salez et poivrez et remuez sans cesse, jusqu'à ce que la polenta soit bien épaisse et commence à bouillir (comptez 6 à 8 minutes environ). Retirez du feu et réservez au chaud.

- Pendant ce temps, faites chauffer à feu vif le reste du beurre dans une grande poêle antiadhésive. Ajoutez les champignons et l'ail. Faites revenir 6 à 8 minutes. Salez et poivrez. Ajoutez le fromage frais et le piment séché. Faites revenir 2 à 3 minutes, jusqu'à ce que la sauce commence à bouillir. Retirez du feu et ajoutez le reste du persil.

- Mettez la polenta dans des assiettes chaudes et ajoutez les champignons sur le dessus. Servez aussitôt.

10 MINUTES

Pâtes aux champignons et aux herbes Faites cuire 375 g de pâtes à cuisson rapide en suivant les instructions de l'emballage. Pendant ce temps, faites chauffer 2 c. à s. de beurre dans une poêle et faites revenir 3 à 4 minutes 2 gousses d'ail finement hachées et 750 g de champignons de Paris émincés. Ajoutez 200 g de fromage frais à l'ail et aux herbes. Salez et poivrez. Mélangez et ajoutez 3 c. à s. de persil haché. Servez les pâtes avec les champignons.

20 MINUTES

Polenta grillée aux champignons Coupez en grosses tranches 500 g de polenta cuite, étalée sur une plaque et refroidie. Réservez. Faites chauffer 3 c. à s. de beurre dans une grande poêle. Ajoutez 750 g de champignons variés émincés, 1 c. à s. de thym, du sel et du poivre. Faites cuire 6 à 8 minutes. Augmentez le feu et ajoutez 2 gousses d'ail hachées. Faites revenir 30 secondes, puis ajoutez 50 ml de vin rouge et faites cuire 2 minutes de plus. Pendant ce temps, faites griller les tranches de polenta 1 à 2 minutes de chaque côté sous le gril du four préchauffé à température moyenne-forte. Répartissez-les dans 4 assiettes. Ajoutez les champignons et de la crème fraîche sur les tranches de polenta.

30 MINUTES

Taboulé de quinoa aux herbes, olives et concombre

Pour 4 personnes

1 concombre épépiné,
   coupé en deux
   puis en fines tranches
1 oignon rouge coupé
   en fines tranches
le jus de 1 citron
le jus de ½ orange
200 g de quinoa
600 ml de bouillon de légumes
1 c. à s. d'huile d'olive
4 c. à s. de coriandre hachée
4 c. à s. de menthe hachée
4 c. à s. de persil haché
100 g d'olives vertes dénoyautées
100 g de poivrons piquillos
   en bocal, égouttés
   et coupés en morceaux
sel et poivre

- Mettez le concombre et l'oignon rouge dans un saladier. Salez et poivrez. Ajoutez les jus de citron et d'orange. Couvrez et réservez.

- Rincez le quinoa soigneusement à l'eau froide dans une passoire. Égouttez-le et faites-le chauffer dans une casserole 3 à 4 minutes à feu moyen, en remuant jusqu'à ce que les grains se détachent et commencent à dorer.

- Versez le bouillon et portez à ébullition, en remuant sans cesse. Baissez le feu et faites cuire 15 minutes, jusqu'à ce que le liquide ait été absorbé. Versez dans un saladier et arrosez d'huile d'olive.

- Ajoutez le concombre et l'oignon rouge avec le jus, ainsi que les herbes hachées, les olives et les poivrons.

- Rectifiez l'assaisonnement si nécessaire, mélangez et servez.

10 MINUTES

Salade de riz aux herbes

Remplacez le quinoa de la recette ci-dessus par 300 g de riz pour micro-ondes cuit et refroidi. Ajoutez au concombre ci-dessus 200 g de graines germées et 12 radis coupés en tranches. Mélangez bien.

20 MINUTES

Soupe au quinoa, au concombre et aux olives

Mettez 1 litre de bouillon de légumes chaud dans une casserole avec 2 concombres coupés en petits dés, 100 g d'olives vertes hachées et 100 g de poivrons piquillos en bocal, hachés. Faites bouillir 12 à 15 minutes sans couvrir puis ajoutez 50 g de quinoa cuit. Salez et poivrez.

Salade de pâtes aux épinards et tomates cerises, sauce au bleu

Pour 4 personnes

400 g de macaronis cuits
et refroidis (ou autres pâtes
courtes)

50 g de pousses d'épinard

400 g de tomates cerises
coupées en deux

4 oignons nouveaux émincés

200 ml de sauce au bleu
prête à l'emploi

sel et poivre

- Mettez les macaronis dans un saladier avec les épinards, les tomates cerises et les oignons nouveaux.

- Ajoutez la sauce au bleu.

- Salez et poivrez. Mélangez et servez aussitôt.

20 MINUTES

Pâtes aux épinards et aux tomates, sauce au fromage
Faites cuire 375 g de macaronis en suivant les instructions de l'emballage. Faites chauffer dans une casserole 350 g de sauce au fromage fraîche prête à l'emploi, en suivant les instructions de l'emballage, puis ajoutez 300 g de tomates cerises coupées en deux et 100 g de pousses d'épinard. Mélangez et faites fondre les épinards à feu doux. Ajoutez les macaronis égouttés.

30 MINUTES

Macaronis aux épinards, tomates et fromage Faites cuire 275 g de macaronis dans une grande casserole d'eau bouillante salée 8 à 10 minutes, égouttez-les et réservez. Pendant ce temps, faites fondre 40 g de beurre à feu moyen dans une casserole. Ajoutez 40 g de farine et mélangez quelques minutes pour obtenir un roux. Faites chauffer 600 ml de lait séparément. Versez peu à peu le lait chaud sur le roux, en remuant à l'aide d'un fouet.

Faites cuire 10 à 15 minutes, tout en remuant, jusqu'à ce que la sauce épaississe, en veillant à ce qu'il n'y ait pas de grumeaux. Ajoutez 100 g de pousses d'épinard et 100 g de tomates cerises. Salez et poivrez. Retirez du feu et ajoutez 200 g de gruyère râpé. Mélangez pour faire fondre le fromage. Ajoutez les macaronis et mélangez. Versez dans un plat à gratin, ajoutez 50 g de gruyère râpé sur le dessus et faites dorer sous le gril du four préchauffé à température moyenne-forte.

 **MINUTES**

Riz aux haricots à l'indienne

Pour 4 personnes

4 œufs

2 c. à s. d'huile d'olive

1 oignon haché

2 c. à s. de curry en poudre doux

250 g de riz à longs grains

750 ml de bouillon de légumes

800 g de haricots mélangés
en conserve, égouttés et rincés

150 ml de crème fraîche

Pour décorer

2 tomates finement hachées

3 c. à s. de fines herbes hachées

- Faites cuire les œufs 10 minutes dans de l'eau bouillante, puis plongez-les dans de l'eau froide pour les refroidir. Écalez-les et coupez-les en quatre. Réservez.

- Pendant ce temps, faites chauffer l'huile d'olive et faites fondre l'oignon 3 à 4 minutes.

- Ajoutez le curry et le riz, mélangez et versez le bouillon. Portez à ébullition, couvrez et faites cuire 10 à 15 minutes, à feu doux.

- Ajoutez les haricots et la crème fraîche. Salez et poivrez. Pour servir, disposez les œufs durs sur le riz et décorez avec les tomates et les herbes.

10 MINUTES

Salade de haricots, tomates et riz Mettez 800 g d'un mélange de haricots en conserve dans un grand saladier avec 4 tomates coupées en dés, 1 oignon rouge haché, 4 c. à s. d'aneth haché et 250 g de riz cuit. Mélangez 1 c. à c. de curry en poudre doux avec 200 ml de vinaigrette prête à l'emploi. Versez sur la salade et mélangez.

20 MINUTES

Soupe épicée aux haricots et au riz Faites chauffer 1 c. à s. d'huile d'olive dans une casserole et ajoutez 1 oignon haché et 1 c à s. de curry en poudre. Faites revenir 1 à 2 minutes. Ajoutez 1 litre de bouillon de légumes chaud, 800 g d'un mélange de haricots en conserve, 2 tomates coupées en dés et 75 g de riz. Portez à ébullition puis baissez le feu et faites cuire 15 minutes, sans couvrir. Salez et poivrez. Ajoutez 4 c. à s. de coriandre hachée et servez dans des bols chauds.

30 MINUTES

Linguine au pesto de chou vert frisé et de pecorino

Pour 4 personnes

375 g de linguine

300 g de chou vert frisé

2 c. à s. d'huile d'olive

3 gousses d'ail écrasées

100 g de pignons de pin grillés

100 g de mascarpone

100 g de pecorino + quelques copeaux pour servir

½ c. à c. de noix de muscade râpée

sel et poivre

- Faites cuire les linguine en suivant les instructions de l'emballage.

- Pendant ce temps, lavez le chou vert frisé, retirez les parties dures et hachez-le grossièrement.

- Faites chauffer l'huile d'olive dans une casserole et faites revenir l'ail 2 à 3 minutes. Ajoutez le chou et couvrez la casserole. Faites cuire 2 à 3 minutes, jusqu'à ce que le chou commence à fondre.

- Mettez les pignons de pin dans un robot ou un blender et mixez finement. Ajoutez le mascarpone, le pecorino et la noix de muscade. Mixez de nouveau.

- Ajoutez le chou et l'ail, et mixez finement. Salez et poivrez.

- Égouttez les linguine et remettez-les dans la casserole. Ajoutez le pesto et mélangez. Garnissez de quelques copeaux de pecorino, puis servez.

10 MINUTES

Soupe à la tomate et au pesto

Faites chauffer 800 ml de soupe de tomate toute prête et mettez-la dans des assiettes creuses. Ajoutez 4 c. à s. de pesto de chou vert frisé et de pecorino (voir recette ci-dessus) dans chaque assiette, en formant une spirale. Ajoutez 100 g de croûtons.

20 MINUTES

Frittata de pâtes au chou vert frisé et au pecorino Mélangez 400 g de linguine cuites, 4 œufs battus et 10 c. à s. de pesto de chou vert frisé et de pecorino (voir recette ci-dessus). Salez et poivrez. Préchauffez le gril du four à température moyenne-forte. Faites chauffer 2 c. à s. d'huile d'olive dans une grande poêle et ajoutez les pâtes. Aplatissez-les à l'aide d'une cuillère et faites cuire à feu moyen 8 à 10 minutes, puis glissez la poêle sous le gril et faites dorer 4 à 5 minutes. Servez avec une salade verte croquante.

Chili aux haricots et aux tomates

Pour 4 personnes

2 c. à s. d'huile d'olive

1 oignon finement haché

4 gousses d'ail écrasées

1 c. à c. de flocons de piment séché

2 c. à c. de cumin moulu

1 c. à c. de cannelle moulue

400 g de tomates concassées
en conserve

1 sachet d'épices pour chili

400 g d'un mélange de haricots
en conserve, égouttés et rincés

400 g de haricots rouges
en conserve

sel et poivre

Pour servir

4 c. à s. de crème fraîche

25 g de coriandre finement hachée

tortillas de maïs grillées

- Faites chauffer l'huile d'olive dans une casserole et faites revenir l'oignon et l'ail 3 à 4 minutes. Ajoutez ensuite le piment, le cumin et la cannelle.

- Faites sauter 2 à 3 minutes, puis ajoutez les tomates et le sachet d'épices. Portez à ébullition, baissez le feu et faites mijoter 10 minutes.

- Ajoutez les haricots et faites chauffer 3 à 4 minutes. Salez et poivrez. Servez dans des assiettes creuses chaudes.

- Ajoutez dans chaque assiette 1 cuillerée de crème fraîche et de la coriandre hachée. Servez aussitôt, avec les tortillas de maïs grillées.

10 MINUTES

Bruschettas aux haricots, tomates et piment Mixez dans un robot ½ oignon, 2 gousses d'ail écrasées, 1 c. à c. de flocons de piment séché, 100 g de tomates coupées en dés, 400 g d'un mélange de haricots en conserve, égouttés, et 4 c. à s. de persil plat haché. Salez, poivrez et étalez ce mélange sur du pain ciabatta grillé ou des tranches de pain au levain. Ajoutez un filet d'huile d'olive.

20 MINUTES

Gratin de chili et de tortillas Mettez la préparation au chili de la recette ci-dessus dans un plat à four moyen légèrement huilé. Recouvrez le dessus de 200 g de tortillas chips. Battez 200 ml de crème fraîche avec 3 œufs, et versez sur les chips. Parsemez de 100 g de gruyère râpé et faites cuire 15 minutes dans un four préchauffé à 220 °C, jusqu'à ce que le dessus soit doré. Servez chaud ou à température ambiante.

 **MINUTES**

Pâtes aux asperges, aux haricots verts et au pesto

Pour 4 personnes

400 g de pâtes courtes
200 g de pointes d'asperge
    coupées en deux
200 g de haricots verts extrafins
    coupés en deux
2 c. à s. d'huile d'olive
2 c. à s. de chapelure
6 c. à s. de crème fraîche
6 c. à s. de pesto prêt à l'emploi
4 c. à s. de parmesan râpé
sel et poivre

- Portez une grande casserole d'eau salée à ébullition. Faites cuire les pâtes en suivant les instructions de l'emballage. Ajoutez les pointes d'asperge et les haricots verts 2 minutes avant la fin de la cuisson.

- Faites chauffer l'huile d'olive dans une petite poêle et faites dorer la chapelure avec une pointe de sel.

- Égouttez les pâtes et les légumes, et remettez-les dans la casserole avec la crème fraîche, le pesto et du poivre fraîchement moulu.

- Servez dans des assiettes creuses chaudes et parsemez de chapelure grillée et de parmesan râpé.

**MINUTES**

Salade d'asperges et de pommes de terre au pesto

Mettez dans un saladier 400 g de pointes d'asperge blanchies, 400 g de petites pommes de terre nouvelles cuites à l'eau et coupées en deux, et 300 g de tomates cerises coupées en deux. Mélangez 200 ml de crème fraîche et 6 c. à s. de pesto. Salez et poivrez. Versez la sauce sur la salade et mélangez.

**MINUTES**

Risotto aux asperges, aux haricots verts et au pesto

Faites chauffer 2 c. à s. d'huile d'olive et 2 c. à s. de beurre dans une casserole. Quand le beurre commence à mousser, faites fondre 2 à 3 minutes 1 oignon haché et 2 gousses d'ail hachées. Ajoutez 375 g de riz à risotto, 200 g de pointes d'asperge et 200 g de haricots verts coupés en deux. Mélangez bien. Faites cuire 1 à 2 minutes, puis ajoutez

150 ml de vin blanc sec et faites mijoter 1 minute, en remuant. Baissez le feu et ajoutez 1,2 litre de bouillon de légumes chaud, en versant 1 louchée à la fois et en remuant sans cesse. Lorsque le liquide a été absorbé, ajoutez une nouvelle louchée de bouillon. Continuez ainsi jusqu'à ce que le riz soit crémeux. Retirez du feu et incorporez 50 g de parmesan râpé et 4 c. à s. de pesto. Salez et poivrez.

30 MINUTES

Œufs aux tomates et aux poivrons

Pour 4 personnes

2 c. à s. d'huile d'olive

1 oignon coupé en fines tranches

1 piment rouge épépiné
  et finement haché

1 gousse d'ail écrasée

1 c. à c. de cumin moulu

1 c. à c. d'origan séché

200 g de tomates cerises

200 g de coulis de tomates

200 g de poivrons rouges
  et jaunes grillés à l'huile,
  égouttés et coupés
  en morceaux

4 œufs

sel et poivre

4 c. à s. de coriandre finement
  hachée pour décorer

- Faites chauffer l'huile d'olive dans une grande poêle et ajoutez l'oignon, le piment, l'ail, le cumin et l'origan.

- Faites revenir à feu doux 5 minutes puis ajoutez les tomates, le coulis de tomates et les poivrons. Faites cuire 5 minutes de plus. Si le plat est trop sec, ajoutez un peu d'eau.

- Salez et poivrez. Formez 4 nids dans la préparation et cassez 1 œuf dans chaque creux. Couvrez la poêle. Faites cuire 5 minutes, jusqu'à ce que les œufs soient cuits.

- Servez aussitôt, avec de la coriandre hachée.

10 MINUTES

Œufs brouillés à la mexicaine
Faites chauffer 1 c. à s. d'huile d'olive et 1 c. à s. de beurre dans une poêle. Battez 8 œufs avec 1 gousse d'ail écrasée, 1 piment rouge finement haché, 1 c. à c. d'origan, 1 c. à c. de cumin moulu, du sel et du poivre. Versez dans la poêle et faites cuire à feu doux, sans cesser de remuer, jusqu'à ce que les œufs soient brouillés. Parsemez de coriandre hachée et servez avec des tortillas chaudes.

20 MINUTES

Sauce à la mexicaine Faites chauffer 2 c. à s. d'huile d'olive dans une poêle et ajoutez 1 oignon haché, 1 piment rouge haché, 1 c. à c. de cumin moulu et 1 c. à c. d'origan, 800 g de tomates concassées en conserve et 200 g de poivrons rouges et jaunes grillés à l'huile, égouttés et coupés en dés. Salez et poivrez. Portez à ébullition puis faites cuire à feu moyen 12 à 15 minutes. Ajoutez de la coriandre hachée et servez avec des pâtes ou du riz.

30 MINUTES

Rigatonis aux tomates fraîches, piment, ail et basilic

Pour 4 personnes

6 grosses tomates mûres
1 c. à s. d'huile d'olive
2 gousses d'ail hachées
1 piment rouge épépiné et haché
75 ml de bouillon de légumes
25 g de basilic finement haché
375 g de rigatonis
parmesan râpé pour servir
  (facultatif)
sel et poivre

- Mettez les tomates dans un saladier et couvrez-les d'eau bouillante 1 à 2 minutes. Égouttez-les. Incisez en croix le sommet de chaque tomate et retirez la peau.

- Lorsque les tomates ont un peu refroidi pour être manipulées, coupez-les en deux et retirez les pépins à l'aide d'une cuillère puis coupez la chair en dés.

- Faites chauffer l'huile d'olive dans une grande poêle antiadhésive et faites revenir l'ail et le piment 1 à 2 minutes, à feu moyen, en veillant à ne pas faire brûler l'ail.

- Ajoutez les tomates, le bouillon et le basilic. Salez et poivrez. Faites cuire à feu doux 6 à 8 minutes, en remuant souvent.

- Pendant ce temps, faites cuire les rigatonis en suivant les instructions de l'emballage. Égouttez-les et ajoutez-les dans la sauce.

- Mettez les pâtes dans des assiettes creuses chaudes et servez avec du parmesan râpé, si vous le souhaitez.

10 MINUTES

Sauce aux tomates fraîches, piment et basilic Dans un saladier, mettez 6 tomates mûres coupées en dés, 2 gousses d'ail écrasées, 1 piment rouge finement haché et 50 g de basilic finement haché. Ajoutez 8 c. à s. d'huile d'olive, du sel et du poivre. Servez sur des pâtes cuites, du couscous ou du riz.

20 MINUTES

Gratin de pâtes aux tomates, piment et mozzarella Préchauffez le four à 220 °C. Mettez 500 g de rigatonis cuits dans un plat à gratin et ajoutez 700 g de sauce tomate au basilic prête à l'emploi. Salez, poivrez et ajoutez 1 piment rouge finement haché. Mélangez bien et ajoutez sur le dessus 400 g de mozzarella coupée en dés. Faites cuire au four 15 à 20 minutes, jusqu'à ce que le dessus soit doré. Servez aussitôt.

30 MINUTES

Dhal aux épinards et aux tomates cerises

Pour 4 personnes

300 g de lentilles corail
200 ml de lait de coco
600 ml de bouillon de légumes
1 c. à c. de cumin moulu
1 c. à c. de coriandre moulue
1 c. à c. de curcuma moulu
1 c. à c. de gingembre moulu
300 g d'épinards hachés
200 g de tomates cerises
¼ de c. à c. de garam masala
25 g de coriandre hachée
sel et poivre
naans ou riz pour servir

Pour le tarka

2 c. à s. d'huile de tournesol
4 échalotes émincées
3 gousses d'ail émincées
1 c. à c. de gingembre haché
¼ de c. à c. de piment moulu
2 c. à c. de graines de cumin
1 c. à c. de graines de moutarde noire

- Mettez les lentilles dans une passoire et rincez-les à l'eau froide. Égouttez-les et mettez-les dans une grande casserole avec le lait de coco, le bouillon, le cumin, la coriandre, le curcuma et le gingembre. Portez à ébullition, en écumant, puis couvrez. Baissez le feu et faites cuire 15 à 20 minutes, en remuant de temps en temps, pour éviter que les lentilles n'attachent au fond de la casserole.

- Ajoutez les épinards et les tomates cerises. Faites cuire 6 à 8 minutes, jusqu'à ce que les lentilles soient tendres, en ajoutant un peu d'eau ou de bouillon si le plat devient trop épais.

- Pendant ce temps, préparez le tarka. Faites chauffer l'huile dans une petite poêle et faites revenir les échalotes, l'ail, le gingembre, le piment, les graines de cumin et de moutarde, en remuant. Faites cuire 3 à 4 minutes, jusqu'à ce que les échalotes soient légèrement dorées et ajoutez ce mélange aux lentilles cuites.

- Ajoutez le garam masala et la coriandre hachée. Servez avec des naans ou du riz.

10 MINUTES

Soupe aux lentilles, tomates et épinards à l'indienne Faites chauffer 800 ml de soupe de lentilles toute prête dans une casserole avec 200 g de pousses d'épinard, 1 c. à s. de curry en poudre doux et 200 g de tomates cerises coupées en deux. Portez à ébullition, puis baissez le feu et faites mijoter 2 à 3 minutes. Servez dans des bols avec 1 cuillerée de yaourt nature.

20 MINUTES

Curry aux tomates cerises et aux épinards Mixez 200 g de tomates coupées en morceaux avec 2 c. à s. de gingembre frais et 2 c. à s. d'ail dans un blender. Faites chauffer 100 ml d'huile de tournesol dans une poêle et faites revenir 400 g de tomates cerises 1 à 2 minutes. Retirez-les avec une écumoire et égouttez-les sur du papier absorbant. Nettoyez la poêle et versez 1 c. à s. d'huile. Faites revenir 2 c. à c. de graines de fenouil et 2 c. à c. de graines de nigelle 1 à 2 minutes, puis ajoutez le mélange mixé et 75 g d'épinards hachés. Faites fondre les épinards, puis ajoutez 1 c. à c. de coriandre moulue, 1 c. à c. de curcuma et 1 c. à c. de paprika. Salez et poivrez. Ajoutez les tomates cerises et faites cuire 6 à 8 minutes, à feu moyen, en remuant. Servez avec des naans.

30 MINUTES

Gratin de chou-fleur

Pour 4 personnes

500 g de fleurettes de chou-fleur ou 8 minichoux romanesco

40 g de beurre + un peu pour le plat

500 ml de lait entier

40 g de farine

2 feuilles de laurier

1 pincée de noix de muscade moulue

300 g de gruyère râpé

4 c. à s. de parmesan râpé

sel et poivre

- Si vous utilisez des minichoux romanesco, coupez la base pour pouvoir les poser à plat. Beurrez un plat à four.

- Faites fondre le beurre dans une casserole et faites chauffer le lait dans une autre casserole. Incorporez la farine dans le beurre fondu et faites cuire 2 à 3 minutes à feu doux, en remuant. Retirez la casserole du feu et versez un peu de lait chaud, en remuant. Versez le reste du lait peu à peu, en remuant sans cesse. Ajoutez les feuilles de laurier et la noix de muscade. Salez et poivrez. Faites cuire 10 à 12 minutes à feu doux, en remuant, jusqu'à ce que la sauce épaississe. Ajoutez le gruyère et retirez du feu.

- Préchauffez le gril à température moyenne-forte.

- Pendant ce temps, faites cuire les minichoux romanesco ou le chou-fleur 5 à 6 minutes dans de l'eau bouillante. Égouttez-les bien et mettez-les dans le plat à four. Versez la sauce béchamel sur le dessus.

- Parsemez de parmesan et faites gratiner 1 minute sous le gril.

10 MINUTES

Chou-fleur à la béchamel

Faites chauffer 400 g de sauce béchamel prête à l'emploi avec 4 c. à s. de gruyère râpé. Pendant ce temps, faites blanchir 875 g de fleurettes de chou-fleur 5 à 6 minutes. Égouttez-les et mettez-les dans un plat. Ajoutez 2 c. à s. de moutarde de Dijon dans la sauce, salez et poivrez. Mélangez avec le chou-fleur et servez avec du pain de campagne.

20 MINUTES

Velouté de chou-fleur Mettez dans une casserole 500 g de fleurettes de chou-fleur, 1 oignon grossièrement haché, 1 gousse d'ail écrasée et 900 ml de bouillon de légumes chaud. Portez à ébullition, couvrez, puis baissez le feu et faites cuire 12 à 15 minutes, à feu moyen. Ajoutez 300 ml de crème fraîche et portez de nouveau à ébullition. Retirez du feu et mixez à l'aide d'un mixeur plongeant jusqu'à obtention d'un velouté. Salez et poivrez. Incorporez 200 g de gruyère râpé au moment de servir.

 **MINUTES**

Riz sauté aux légumes

Pour 4 personnes

2 c. à s. d'huile de tournesol

6 ciboules coupées en biais
en tronçons de 2,5 cm

2 gousses d'ail écrasées

1 c. à c. de gingembre frais
finement râpé

1 poivron rouge épépiné
et finement haché

1 carotte pelée et coupée en dés

300 g de petit pois

500 g de riz blanc à longs grains
cuit

1 c. à s. de sauce soja foncée

1 c. à s. de sauce pimentée sucrée

coriandre et menthe hachées
pour décorer

- Faites chauffer l'huile dans un wok et ajoutez les ciboules, l'ail et le gingembre. Faites sauter 4 à 5 minutes, puis ajoutez le poivron rouge, la carotte et les petits pois. Faites sauter à feu vif 3 à 4 minutes.

- Incorporez le riz, la sauce soja et la sauce pimentée. Faites sauter 3 à 4 minutes, jusqu'à ce que le plat soit chaud.

- Retirez du feu et servez aussitôt avec la coriandre et la menthe hachées.

10 MINUTES

Wok de nouilles aux légumes

Faites chauffer 2 c. à s. d'huile végétale dans un wok et ajoutez 300 g de légumes pour wok (mini-épis de maïs, brocoli, carottes, poivrons...). Faites sauter 2 à 3 minutes à feu vif, puis ajoutez 600 g de nouilles fraîches aux œufs et 125 g de sauce pour wok prête à l'emploi. Faites sauter 1 à 2 minutes, jusqu'à ce que le tout soit chaud.

30 MINUTES

Légumes sautés à la chinoise

Faites chauffer 2 c. à s. d'huile dans un wok et ajoutez 3 échalotes hachées, 2 piments émincés, 2 c. à c. de gingembre frais râpé, 2 c. à c. d'ail haché, 1 c. à c. de poivre du Sichuan et 1 pincée de sel. Faites sauter 1 minute, ajoutez 150 g de tofu coupé en dés et faites sauter 2 minutes de plus. Retirez du wok et réservez. Coupez 1 carotte et 2 poivrons rouges en fines lanières et 200 g de pois gourmands en deux dans le sens de la longueur. Faites chauffer 2 c. à s. d'huile de tournesol et faites sauter les légumes, jusqu'à ce qu'ils soient tendres. Ajoutez 4 c. à s. de sauce soja claire et 2 c. à s. de vin de riz de Shaoxing. Remettez le tofu cuisiné dans le wok et mélangez. Ajoutez 1 c. à s. d'huile de sésame et servez avec des nouilles aux œufs ou du riz sauté prêt à l'emploi.

30 MINUTES

Papardelles aux tomates et à l'aubergine

Pour 4 personnes

4 c. à s. d'huile d'olive

1 grosse aubergine coupée
en dés de 1,5 cm

1 petit oignon haché

2 gousses d'ail écrasées

350 ml de sauce tomate
au basilic en bocal

375 g de papardelles
ou de tagliatelles

250 g de mozzarella di buffala
égouttée et coupée en dés

Pour servir (facultatif)

4 c. à s. de parmesan râpé

feuilles de basilic

- Portez à ébullition une grande casserole d'eau salée.

- Pendant ce temps, faites chauffer l'huile d'olive dans une poêle à feu moyen. Faites revenir l'aubergine et l'oignon 5 minutes, en remuant.

- Ajoutez l'ail et faites cuire 1 minute. Ajoutez la sauce tomate et 200 ml d'eau. Laissez mijoter 8 à 10 minutes, jusqu'à ce que l'aubergine soit tendre. Salez et poivrez.

- Pendant ce temps, faites cuire les pâtes en suivant les instructions de l'emballage. Retirez du feu, égouttez les pâtes et remettez-les dans la casserole.

- Ajoutez la mozzarella dans la sauce et faites chauffer, jusqu'à ce qu'elle commence à fondre. Ajoutez les pâtes et mélangez bien. Parsemez de parmesan et de feuilles de basilic, si vous le souhaitez.

10 MINUTES

Pizzas tomate-aubergine-mozzarella Préchauffez le four à 220 °C. Mettez 2 pâtes à pizza prêtes à l'emploi sur 2 plaques de cuisson et étalez dessus la sauce aux tomates et à l'aubergine de la recette ci-dessus. Ajoutez 250 g de mozzarella coupée en dés et faites cuire au four 8 à 10 minutes. Servez aussitôt.

20 MINUTES

Salade d'aubergines grillées et de tomates au basilic
Coupez 2 grosses aubergines en fines tranches et badigeonnez-les d'huile d'olive. Faites-les cuire à feu vif dans une poêle-gril 2 à 3 minutes de chaque côté. Mettez-les sur une assiette, avec 4 grosses tomates et 250 g de mozzarella coupée en tranches. Mélangez 6 c. à s. d'huile d'olive, 1 gousse d'ail écrasée, le jus de 1 citron, du sel et du poivre. Versez la vinaigrette sur la salade. Décorez de quelques feuilles de basilic.

10 MINUTES

Salade de maïs tex-mex

Pour 4 personnes

400 g de grains de maïs

400 g de poivrons rouges grillés
en bocal, égouttés et coupés
en tranches

1 oignon rouge finement haché

4 c. à s. de piment jalapeño
en bocal, haché

400 g de haricots rouges
en conserve, égouttés

4 c. à s. de persil haché

6 c. à s. de vinaigrette
prête à l'emploi

- Dans un saladier, mettez le maïs, les poivrons, l'oignon, le piment et les haricots rouges. Parsemez de persil haché.

- Versez la vinaigrette sur la salade et mélangez. Servez aussitôt.

20 MINUTES

Pommes de terre sautées au maïs et au poivron Faites bouillir 5 minutes 400 g de pommes de terre coupées en dés. Égouttez-les. Faites chauffer 2 c. à s. d'huile et 2 c. à s. de beurre dans une poêle, à feu moyen. Faites revenir les pommes de terre 5 à 6 minutes, en les tournant 1 fois. Ajoutez 1 poivron rouge coupé en dés et faites revenir 2 à 3 minutes. Ajoutez 400 g de maïs, 1 piment rouge haché, 6 oignons nouveaux et 2 gousses d'ail émincées. Mélangez. Salez, poivrez et faites cuire 5 minutes. Pendant ce temps, faites cuire 4 œufs au plat. Servez les légumes dans des assiettes chaudes et ajoutez les œufs.

30 MINUTES

Frittata au maïs et aux poivrons rouges Faites chauffer 2 c. à s. d'huile d'olive dans une poêle antiadhésive à feu moyen. Ajoutez 1 oignon rouge finement haché et faites revenir 2 à 3 minutes. Ajoutez 200 g de petits pois surgelés et faites cuire 1 à 2 minutes. Ajoutez 400 g de maïs en conserve, égoutté, et 400 g de poivrons rouges grillés en bocal, égouttés et coupés en dés. Faites cuire 1 à 2 minutes. Préchauffez le gril du four à température moyenne. Ajoutez 4 œufs légèrement battus et 4 c. à s. de persil finement haché sur la préparation. Salez et poivrez. Faites cuire à feu doux 10 minutes, jusqu'à ce que le dessous soit cuit. Retirez du feu et glissez la poêle sous le gril pour 3 à 4 minutes, pour faire dorer le dessus. Coupez en grosses parts et servez chaud ou à température ambiante, avec une salade verte.

30 MINUTES

Quesadillas au fromage fumé, poivrons et épinards

Pour 4 personnes

300 g de pousses d'épinard

200 g de poivrons rouges grillés
en bocal, égouttés et coupés
en morceaux

8 oignons nouveaux finement
hachés

200 g de fromage fumé
coupé en dés

150 g de gruyère râpé

1 piment rouge épépiné
et finement haché

4 c. à s. de coriandre finement
hachée

8 tortillas de maïs souples

huile d'olive

sel et poivre

crème fraîche pour servir

• Faites blanchir les épinards 1 à 2 minutes dans une casserole d'eau bouillante salée. Égouttez-les dans une passoire, en pressant, pour retirer le maximum d'eau. Mettez-les dans un saladier avec les poivrons grillés, les oignons nouveaux, le fromage fumé, le gruyère, le piment et la coriandre. Salez et poivrez. Mélangez bien.

• Étalez ¼ de la préparation sur une tortilla, recouvrez d'une autre tortilla et pressez bien. Préparez 3 autres quesadillas de la même façon.

• Faites chauffer 2 grandes poêles légèrement huilées à feu moyen. Mettez 1 quesadilla dans chaque poêle et faites cuire 2 minutes. Retournez chaque quesadilla sur une assiette et glissez-les de nouveau dans les poêles pour faire dorer l'autre côté pendant 2 minutes, jusqu'à ce que le fromage commence à fondre. Réservez et faites cuire les deux autres quesadillas.

• Coupez chaque quesadilla en quatre et servez avec de la crème fraîche.

10 MINUTES

Nouilles sautées aux épinards et aux poivrons Faites chauffer 3 c. à s. d'huile d'olive dans un wok et ajoutez 8 oignons nouveaux émincés, 2 gousses d'ail écrasées, 1 piment rouge émincé, 400 g de poivrons rouges grillés en bocal, égouttés et coupés en tranches, et 300 g de pousses d'épinard. Faites sauter 4 à 5 minutes à feu vif. Ajoutez 400 g de nouilles fraîches aux œufs et 6 c. à s. de sauce pimentée sucrée. Réchauffez 1 à 2 minutes.

20 MINUTES

Burgers aux épinards, aux poivrons et au fromage fumé Faites chauffer 2 c. à s. d'huile d'olive dans un wok ou une poêle et faites revenir 6 oignons nouveaux émincés et 200 g de pousses d'épinard pendant 5 à 6 minutes. Salez et poivrez. Réservez. Coupez 4 pains à burger en deux et faites-les griller légèrement, puis étalez 2 c. à s. de mayonnaise sur chaque moitié. Répartissez 200 g de poivrons rouges grillés en bocal, égouttés et coupés en tranches, sur le fond des burgers puis ajoutez les épinards et 2 tranches de fromage fumé. Couvrez avec la partie supérieure des burgers, pressez légèrement et servez.

10 MINUTES

Salade de boulgour aux pois chiches

Pour 4 personnes

400 g de pois chiches
en conserve, égouttés
100 g de boulgour cuit
200 g de poivrons rouges grillés
en bocal, égouttés et coupés
en dés
1 poignée d'aneth haché
1 poignée de coriandre hachée
6 c. à s. d'huile d'olive
le jus de 1 orange
1 c. à c. de cumin moulu
sel et poivre

- Mettez dans un saladier les pois chiches, le boulgour et les poivrons. Ajoutez l'aneth et la coriandre.

- Mélangez l'huile d'olive, le jus d'orange et le cumin. Salez et poivrez. Versez la vinaigrette sur la salade, mélangez et servez aussitôt.

20 MINUTES

Riz aux pois chiches Faites chauffer 2 c. à s. de beurre et 2 c. à s. d'huile dans une casserole et faites revenir 1 à 2 minutes 1 oignon rouge haché, 2 gousses d'ail hachées, 2 c. à c. de cumin moulu et 1 c. à c. de cannelle moulue. Ajoutez 400 g de riz basmati à cuisson rapide, 400 g de pois chiches en conserve, égouttés, 4 c. à s. d'aneth haché et 900 ml de bouillon de légumes chaud. Salez et poivrez. Portez à ébullition, couvrez et faites cuire 10 minutes, à feu doux. Hors du feu, laissez reposer 8 à 10 minutes. Détachez les grains de riz avec une fourchette.

30 MINUTES

Boulgour aux pois chiches à la turque Faites chauffer 2 c. à s. d'huile d'olive dans une grande casserole. Faites revenir 10 à 12 minutes 1 oignon rouge finement haché, à feu moyen, en remuant souvent, jusqu'à ce que l'oignon soit légèrement doré. Ajoutez 1 gousse d'ail écrasée, 1 c. à c. de cumin moulu, 1 c. à c. de cannelle moulue et 175 g de boulgour. Faites cuire 1 à 2 minutes, en remuant, pour faire griller légèrement les grains. Ajoutez 350 ml de bouillon de légumes chaud, mélangez et portez à ébullition. Couvrez et faites cuire à feu doux 6 à 8 minutes, jusqu'à ce que le liquide ait été absorbé.

Retirez du feu et ajoutez 200 g de poivrons rouges grillés en bocal, égouttés et coupés en dés, et 400 g de pois chiches en conserve, sans mélanger. Couvrez et laissez reposer 5 à 10 minutes. Au moment de servir, retirez le couvercle et détachez les grains avec une fourchette, en mélangeant les poivrons et les pois chiches. Incorporez 25 g d'aneth, 25 g de persil plat et 2 c. à s. de menthe finement hachés. Ajoutez du fromage de chèvre émietté sur le dessus. Salez et poivrez. Servez chaud ou froid.

10 MINUTES

Salade de nouilles soba à la japonaise

Pour 4 personnes

625 g de nouilles soba cuites

2 carottes coupées en fine julienne

6 ciboules émincées

1 poivron rouge coupé
   en fines tranches

4 c. à s. de sauce soja foncée

3 c. à s. d'huile de sésame

1 c. à s. de mirin

1 c. à s. de sucre en poudre

½ c. à c. d'huile pimentée

- Mettez dans un saladier les nouilles soba, les carottes, les ciboules et le poivron.

- Dans un bol, mélangez la sauce soja, l'huile de sésame, le mirin, le sucre et l'huile pimentée. Versez sur la salade de nouilles.

- Mélangez bien. Servez frais ou à température ambiante.

20 MINUTES

Salade chaude de nouilles aux fèves de soja Faites bouillir une grande casserole d'eau salée et faites cuire les nouilles soba et 250 g de fèves de soja, en suivant les instructions de l'emballage des nouilles. Égouttez-les et remettez-les dans la casserole, avec 6 ciboules émincées. Couvrez et réservez au chaud. Mélangez 1 c. à c. de gingembre frais, 1 piment rouge épépiné et finement haché, 1 c. à s. d'huile de sésame, 3 c. à s. de mirin, 3 c. à s. de sauce soja claire et 1 c. à c. de miel liquide. Versez sur les nouilles et mélangez bien. Ajoutez 2 c. à s. de graines de sésame et 4 c. à s. de coriandre finement hachée.

30 MINUTES

Soupe aux nouilles soba et aux shiitake Faites cuire 250 g de nouilles soba en suivant les instructions de l'emballage. Répartissez les nouilles dans 4 assiettes creuses. Pendant ce temps, mettez dans une casserole 1 litre de bouillon de légumes chaud, 3 c. à s. de mirin, 200 g de champignons shiitake coupés en tranches et 5 c. à s. de sauce soja foncée. Portez à ébullition. Ajoutez 200 g de pois gourmands coupés en deux et faites cuire 4 à 5 minutes de plus. Rectifiez l'assaisonnement si nécessaire, en ajoutant un peu de sauce soja. Versez le bouillon et les légumes sur les nouilles et parsemez de ciboules émincées.

MINUTES

Salade de tortellinis, poivrons grillés et roquette

Pour 4 personnes

500 g de tortellinis frais
   aux épinards et à la ricotta
400 g de poivrons rouges
   et jaunes grillés en bocal,
   égouttés
100 g de roquette
1 oignon rouge émincé
200 ml de vinaigrette
   prête à l'emploi
poivre noir

- Faites cuire les tortellinis en suivant les instructions de l'emballage.

- Pendant ce temps, hachez les poivrons. Mettez-les dans un saladier avec la roquette et l'oignon. Ajoutez les tortellinis cuits.

- Ajoutez la vinaigrette, mélangez et parsemez de poivre noir moulu.

MINUTES

Gratin de tortellinis et poivrons
Préchauffez le gril du four
à température moyenne-forte.
Mettez 500 g de tortellinis frais
aux épinards et à la ricotta cuits
dans un plat à four huilé. Ajoutez
400 g de poivrons rouges et
jaunes grillés en bocal, égouttés
et coupés en morceaux, 400 g
de tomates concassées en
conserve, 1 gousse d'ail hachée
et 1 c. à c. d'herbes de Provence.
Mélangez. Salez et poivrez.
Recouvrez de 350 g de sauce
au fromage prête à l'emploi.
Placez sous le gril et faites dorer
4 à 5 minutes. Servez chaud
avec une salade de roquette.

30 MINUTES

**Tortellinis aux poivrons rouge
et jaune** Coupez 1 poivron rouge
et 1 poivron jaune en gros
morceaux, en retirant les pépins
et les membranes blanches.
Faites-les griller, côté peau, sous
un gril chaud jusqu'à ce que la
peau noircisse et forme des
cloques. Faites-les refroidir dans
un sachet en plastique, puis
retirez la peau. Hachez
grossièrement le bulbe blanc de
8 ciboules et mettez-les dans le
bol d'un robot avec les poivrons
et 2 gousses d'ail hachées. Mixez
les ingrédients. Faites cuire 500 g
de tortellinis frais aux épinards
et à la ricotta dans une grande
casserole d'eau bouillante
en suivant les instructions
de l'emballage. Égouttez-les
et remettez-les dans la casserole.
Ajoutez les poivrons mixés,
6 c. à s. d'huile d'olive et 40 g
de parmesan. Salez et poivrez.
Décorez de quelques morceaux
de ciboule avant de servir.

30 MINUTES

Crêpes gratinées aux champignons et aux herbes

Pour 4 personnes

2 c. à s. de beurre + un peu pour la poêle

300 g de petits champignons de Paris émincés

6 oignons nouveaux émincés

2 gousses d'ail écrasées

500 g de sauce au fromage fraîche

300 g de pousses d'épinard

4 c. à s. de persil finement haché

2 c. à s. d'estragon finement haché

8 crêpes salées prêtes à l'emploi

50 g de parmesan râpé

sel et poivre

feuilles de laitue ou de batavia pour servir

- Faites chauffer le beurre dans une grande poêle antiadhésive et ajoutez les champignons, les oignons nouveaux et l'ail. Faites revenir 6 à 7 minutes, à feu vif.

- Ajoutez la moitié de la sauce au fromage et faites chauffer jusqu'à ce qu'elle commence à bouillir. Mettez les épinards dans la poêle et faites-les cuire 1 minute pour les faire fondre. Ajoutez les herbes hachées. Salez et poivrez. Réservez.

- Étalez au centre d'une crêpe ⅛ de la garniture. Roulez délicatement la crêpe et mettez-la dans un plat à gratin beurré. Recommencez avec le reste des crêpes et de la garniture. Versez la sauce au fromage restante sur les crêpes, le parmesan râpé, du sel et du poivre. Faites dorer 3 à 4 minutes sous le gril préchauffé à température moyenne-forte.

- Retirez les crêpes du four et servez-les avec la salade verte.

10 MINUTES

Spaghettis aux champignons à la crème Faites cuire 375 g de spaghettis à cuisson rapide en suivant les instructions de l'emballage. Pendant ce temps, mixez 300 g de champignons de Paris et 500 g de sauce aux 4 fromages. Versez dans une casserole et portez à ébullition. Baissez le feu, laissez mijoter 2 à 3 minutes, puis ajoutez 4 c. à s. d'estragon haché. Égouttez les pâtes et versez-les dans la sauce. Mélangez, salez et poivrez.

20 MINUTES

Champignons farcis au fromage, à l'ail et aux fines herbes Retirez les pieds de 8 gros champignons plats et hachez finement les pieds. Faites chauffer 2 c. à s. de beurre dans une poêle antiadhésive et ajoutez les pieds des champignons hachés, 4 oignons nouveaux hachés et 1 gousse d'ail écrasée. Faites revenir à feu vif 6 à 8 minutes. Salez et poivrez. Mettez cette préparation dans un saladier avec 200 g de cottage cheese, 1 c. à s. de zeste de citron, 3 c. à s. de persil haché et 3 c. à s. d'estragon haché. Posez les chapeaux des champignons à l'envers sur une grille. Salez et poivrez. Étalez la garniture dans les champignons et parsemez de 50 g de parmesan râpé. Mettez la grille dans le four en la plaçant à 12 cm du gril préchauffé à température moyenne-forte. Faites dorer 6 à 8 minutes. Étalez 50 g de pousses d'épinard sur 4 assiettes et ajoutez 2 champignons farcis dans chaque assiette.

Petits dîners entre amis

Recettes par temps de préparation

10 MINUTES

Riz pilaf aux fruits

Pour 4 personnes

1 c. à s. de filaments de safran
1 litre de bouillon de légumes chaud
400 g de riz basmati
1 c. à s. d'huile d'olive
1 c. à s. de beurre
3 échalotes finement hachées
2 gousses d'ail finement hachées
4 capsules de cardamome écrasées
2 clous de girofle
2 bâtons de cannelle
2 c. à c. de graines de cumin
2 carottes coupées en petits dés
4 c. à s. d'aneth haché
300 g de fèves de soja écossées
100 g de raisins secs
100 g de canneberges séchées
les graines de 1 grenade mûre
50 g de pistaches concassées
sel et poivre

- Mettez le safran dans le bouillon chaud et réservez.

- Rincez le riz à l'eau froide et égouttez-le.

- Faites chauffer l'huile d'olive et le beurre dans une casserole et faites revenir les échalotes et l'ail 1 à 2 minutes, à feu moyen.

- Ajoutez la cardamome, les clous de girofle, les bâtons de cannelle, les graines de cumin, le riz et les carottes. Mélangez bien. Ajoutez le bouillon, l'aneth, du sel et du poivre. Portez à ébullition. Ajoutez les fèves de soja, les raisins secs et les canneberges. Couvrez, puis faites cuire 10 à 12 minutes à feu doux, sans soulever le couvercle.

- Retirez la casserole du feu et laissez reposer 10 minutes.

- Retirez le couvercle (le liquide doit être complètement absorbé), incorporez les graines de grenade et les pistaches. Servez.

1O MINUTES

Couscous épicé aux fruits
Mettez 400 g de couscous cuit dans un grand saladier avec 1 carotte coupée en fine julienne, 2 échalotes coupées en fines tranches, 100 g de raisins secs, 100 g d'aneth haché et 100 g de graines de grenade. Mélangez 6 c. à s. d'huile d'olive, le jus de 1 orange, 1 c. à c. de cannelle moulue et 1 c. à c. de cumin moulu. Versez sur le couscous, salez, poivrez et mélangez aussitôt.

2O MINUTES

Riz aux fruits, aux pistaches et aux pignons Faites chauffer 2 c. à s. de beurre et 2 c. à s. d'huile dans un wok. Ajoutez 1 oignon coupé en fines tranches et faites dorer à feu moyen 10 à 12 minutes. Ajoutez 500 g de riz basmati ou à longs grains cuit et 100 ml de bouillon de légumes. Faites sauter à feu vif 4 à 5 minutes. Ajoutez 100 g de raisins secs, 100 g de canneberges séchées, 100 g de pistaches concassées et 100 g de pignons de pin grillés. Faites sauter 1 à 2 minutes, en remuant. Salez et poivrez. Servez avec du yaourt nature.

3️⃣0️⃣ MINUTES

Crêpes roulées aux asperges

Pour 4 personnes

750 g d'asperges vertes pelées

3 c. à s. d'huile d'olive

15 g de parmesan fraîchement
   râpé + un peu pour parsemer

500 g de béchamel prête
   à l'emploi

noix de muscade fraîchement
   râpée

12 crêpes prêtes à l'emploi

125 g de fontina + un peu
   pour parsemer

- Mettez les asperges dans un plat à four, arrosez-les d'huile d'olive et faites-les cuire 7 minutes dans un four préchauffé à 240 °C. Réservez.

- Baissez la température du four à 220 °C.

- Incorporez le parmesan à la béchamel et ajoutez la noix de muscade. Étalez un peu de sauce sur une crêpe, ajoutez une asperge et de la fontina. Roulez la crêpe autour de l'asperge et mettez-la dans un plat à four d'une contenance de 2 litres. Recommencez avec les autres crêpes.

- Versez le reste de la sauce sur les crêpes, parsemez d'un peu de parmesan, de petits morceaux de fontina et de noix de muscade. Faites dorer au four 12 à 15 minutes. Servez aussitôt.

1️⃣0️⃣ MINUTES

Bruschettas aux asperges et à la fontina Faites blanchir 625 g de pointes d'asperges vertes 2 à 3 minutes dans de l'eau bouillante légèrement salée. Égouttez-les et répartissez-les sur 8 tranches de pain au levain grillées. Ajoutez 200 g de fontina râpée. Faites fondre le fromage 2 à 3 minutes sous le gril du four préchauffé à température moyenne-forte. Salez et poivrez. Servez avec de la salade verte.

2️⃣0️⃣ MINUTES

Soufflés aux asperges et à la fontina Beurrez 4 ramequins. Faites fondre 2 c. à s. de beurre dans une poêle et faites sauter 3 à 4 minutes 200 g d'asperges coupées en dés et 6 oignons nouveaux hachés. Égouttez-les dans une passoire et essuyez-les avec du papier absorbant. Montez 4 blancs d'œufs en neige. Dans un saladier, mélangez 4 jaunes d'œufs, les asperges, 6 c. à s. d'aneth haché, 6 c. à s. de ciboulette hachée, 200 g de fontina râpée et 1 c. à s. de moutarde de Dijon. Salez et poivrez. Incorporez les blancs en neige. Répartissez dans les ramequins. Faites cuire 12 à 15 minutes dans un four préchauffé à 220 °C, jusqu'à ce que les soufflés soient gonflés. Servez aussitôt avec de la salade verte et des tomates.

2⏲ MINUTES

Nouilles, brocoli et champignons sautés à l'asiatique

Pour 4 personnes

1 c. à s. d'huile de tournesol

1,5 cm de gingembre frais, coupé
en bâtonnets

200 g de fleurettes de brocoli

200 g de champignons shiitake

6 ciboules émincées

1 poivron rouge coupé en tranches

300 ml de bouillon de légumes

500 g de nouilles fraîches aux œufs

2 c. à s. de sauce soja légère

1 c. à s. de fécule de maïs
mélangée à 2 c. à s. d'eau

Pour la sauce aux haricots noirs

1 c. à s. de haricots noirs
fermentés salés, bien rincés

1 c. à s. de sauce soja légère

2 gousses d'ail écrasées

1 piment rouge épépiné et haché

1 c. à s. de vin de riz de Shaoxing

- Mixez tous les ingrédients de la sauce aux haricots noirs dans un robot.

- Faites chauffer un wok à feu vif et ajoutez l'huile. Lorsqu'elle fume, faites revenir le gingembre quelques secondes. Ajoutez le brocoli et faites sauter 2 à 3 minutes.

- Mettez dans le wok les champignons, les ciboules et le poivron rouge, et faites-les sauter 2 à 3 minutes.

- Versez la sauce aux haricots noirs et le bouillon de légumes, et faites mijoter 2 à 3 minutes.

- Pendant ce temps, faites cuire les nouilles en suivant les instructions de l'emballage. Égouttez-les et réservez-les au chaud.

- Ajoutez dans le wok la sauce soja, la fécule de maïs diluée dans l'eau et faites épaissir la sauce 1 minute. Servez aussitôt avec les nouilles aux œufs.

1⏲ MINUTES

Wok de brocoli, champignons et haricots noirs Faites chauffer 1 c. à s. d'huile dans un wok et ajoutez 300 g de fleurettes de brocoli, 300 g de shiitake émincés et 6 ciboules émincées. Faites sauter à feu vif 3 à 4 minutes, puis ajoutez 1 sachet de sauce aux haricots noirs prête à l'emploi et 100 ml d'eau. Faites sauter 3 à 4 minutes, à feu vif, et servez avec des nouilles.

3⏲ MINUTES

Riz aux champignons, brocoli et haricots noirs
Faites chauffer 2 c. à s. d'huile dans une casserole et ajoutez 2 c. à c. de gingembre râpé, 2 c. à c. d'ail haché, 8 ciboules émincées, 300 g de shiitake émincés et 300 g de fleurettes de brocoli. Faites sauter 3 à 4 minutes et ajoutez 300 g de riz à longs grains. Mélangez et ajoutez 750 ml de bouillon de

légumes chaud, 200 g de haricots noirs en conserve, égouttés, du sel et du poivre. Portez à ébullition, couvrez, baissez le feu et laissez mijoter à feu doux 10 à 12 minutes. Retirez du feu et laissez reposer 10 minutes, sans retirer le couvercle. Ajoutez 4 c. à s. de sauce soja légère et détachez les grains de riz avec une fourchette.

3O MINUTES

Tagliatelles au potiron et à la sauge

Pour 4 personnes

875 g de potiron pelé, épépiné
et coupé en dés de 1,5 cm
4 c. à s. d'huile d'olive
500 g de tagliatelles fraîches
50 g de roquette
8 feuilles de sauge hachées
parmesan râpé pour servir
(facultatif)
sel et poivre

- Mettez le potiron dans un petit plat à four, ajoutez 2 cuillerées à soupe d'huile d'olive et remuez. Faites cuire 15 à 20 minutes dans un four préchauffé à 220 °C, jusqu'à ce que le potiron soit tendre.

- Pendant ce temps, portez une grande casserole d'eau salée à ébullition. Faites cuire les tagliatelles en suivant les instructions de l'emballage. Égouttez-les et remettez-les dans la casserole.

- Ajoutez la roquette, la sauge et le potiron. Mélangez à feu doux avec le reste de l'huile d'olive pour faire fondre la roquette. Servez avec du parmesan râpé, si vous le souhaitez.

1O MINUTES

Raviolis au potiron et à la sauge
Faites cuire 500 g de raviolis frais farcis au potiron en suivant les instructions de l'emballage. Pendant ce temps, faites chauffer à feu moyen 4 c. à s. de beurre et 4 c. à s. d'huile d'olive dans une grande poêle avec 2 gousses d'ail hachées et 6 feuilles de sauge. Égouttez les raviolis et mettez-les dans la poêle. Salez et poivrez. Mélangez et ajoutez 100 g de parmesan râpé.

2O MINUTES

Soupe au potiron, à la tomate et à la sauge Mettez le potiron cuit de la recette ci-dessus dans une casserole avec 600 ml de bouillon de légumes chaud, 200 ml de coulis de tomates et 1 c. à s. de feuilles de sauge finement hachées. Portez à ébullition, puis baissez le feu et laissez mijoter 12 à 15 minutes. Mixez à l'aide d'un mixeur plongeant. Ajoutez 100 ml de crème fraîche et servez avec du pain de campagne chaud.

30 MINUTES

Pad thaï aux légumes

Pour 4 personnes

300 g de nouilles de riz plates

3 c. à s. de purée de tamarin

3 c. à s. de sauce soja légère

3 c. à s. de sucre de palme

3 c. à s. d'huile végétale

500 g de tofu essuyé et coupé
en lanières de 5 mm

3 gousses d'ail finement hachées

2 échalotes finement hachées

300 g de champignons asiatiques
coupés en tranches

1 à 2 piments rouges hachés

2 gros œufs battus

1 botte de ciboules émincées

1 carotte coupée en bâtonnets

1 botte de ciboulette ciselée

1 botte de coriandre hachée

100 g de cacahuètes pimentées
et grillées

2 citrons verts en quartiers

- Mettez les nouilles à gonfler 10 à 15 minutes dans un saladier d'eau bouillante, puis égouttez-les.

- Préparez la sauce aigre-douce. Diluez le tamarin dans un peu d'eau chaude. Ajoutez la sauce soja et le sucre de palme. Mélangez et vérifiez l'assaisonnement.

- Faites chauffer 2 cuillerées à soupe d'huile dans un wok. Faites dorer le tofu 3 à 4 minutes. Retirez-le du wok et réservez au chaud.

- Faites chauffer le reste de l'huile dans le wok et faites revenir l'ail et les échalotes 30 secondes. Ajoutez les champignons et le piment. Faites cuire 2 minutes. Ajoutez les nouilles et faites sauter 2 minutes. Poussez les ingrédients sur un côté du wok.

- Ajoutez les œufs et faites-les cuire en œufs brouillés avant de les mélanger aux nouilles. Ajoutez la sauce aigre-douce et mélangez. Ajoutez ensuite les ciboules, la carotte et le tofu. Faites cuire quelques minutes. Répartissez dans des bols chauds et parsemez d'herbes et de cacahuètes. Servez avec des quartiers de citron vert.

10 MINUTES

Salade de légumes thaïe

Coupez 1 carotte, 8 ciboules et 1 concombre en julienne. Mettez-les dans un saladier avec 2 échalotes thaïes émincées et 300 g de dés de tofu. Mélangez le jus de 2 citrons verts, 4 c. à s. de nuoc-mâm, 3 c. à s. de sauce soja légère, 4 c. à s. de sauce pimentée sucrée et 1 gousse d'ail écrasée. Mélangez les légumes et la sauce. Pour servir, ajoutez 100 g de cacahuètes grillées hachées.

20 MINUTES

Salade de nouilles et de légumes à la vietnamienne Dans un saladier, mettez 5 gousses d'ail hachées, 50 g de coriandre hachée et 1 piment rouge finement haché. Ajoutez le jus de 1 citron vert, 4 c. à s. de sauce soja légère, 3 c. à s. de nuoc-mâm et 3 c. à s. de sucre. Mélangez et laissez reposer 5 minutes. Faites cuire 375 g de nouilles de riz fines dans une grande casserole d'eau bouillante 2 minutes. Égouttez-les et rincez-les à l'eau froide pour les refroidir. Égouttez-les de nouveau. Mettez les nouilles dans le saladier avec 2 carottes coupées en julienne, 1 concombre coupé en tranches et 4 c. à s. de menthe hachée. Mélangez et servez avec 100 g de cacahuètes grillées hachées.

10 MINUTES

Omelette soufflée à l'estragon et au gruyère

Pour 4 personnes

6 œufs

4 c. à s. d'estragon haché

100 g de gruyère râpé

2 c. à s. de beurre

salade verte et pain de campagne
pour servir

- Séparez les blancs d'œufs des jaunes. Montez les blancs en neige.

- Mettez les jaunes dans un saladier avec l'estragon et le gruyère. Fouettez légèrement.

- Faites chauffer le beurre dans une grande poêle. Incorporez délicatement les blancs en neige aux jaunes d'œufs. Versez le tout dans la poêle. Faites cuire 2 à 3 minutes, à feu vif, puis placez pour 3 à 4 minutes sous le gril du four préchauffé à température moyenne-forte, jusqu'à ce que l'omelette soit légèrement dorée.

- Servez aussitôt avec de la salade verte et du pain de campagne.

20 MINUTES

Gratin de pâtes au fromage et à l'estragon Mettez 400 g de fusillis cuits dans un plat à four graissé. Battez 4 œufs, 4 c. à s. d'estragon finement haché, ¼ de c. à c. de piment de Cayenne, 2 c. à c. de moutarde de Dijon et 200 g de gruyère râpé. Versez sur les pâtes et mélangez. Parsemez de 100 g de parmesan râpé et faites cuire 15 minutes dans un four préchauffé à 220 °C, jusqu'à ce que le dessus soit doré. Servez aussitôt.

30 MINUTES

Soufflés au fromage et à l'estragon Beurrez 4 ramequins de 300 ml chacun et tapissez-les de 100 g de parmesan râpé. Faites fondre 50 g de beurre dans une casserole et ajoutez 40 g de farine, ½ c. à c. de moutarde en poudre et 1 pincée de piment de Cayenne. Faites cuire quelques minutes puis versez peu à peu 300 ml de lait, en remuant, jusqu'à ce que la préparation soit bien épaisse. Retirez du feu et ajoutez 100 g de gruyère râpé, 4 c. à s. d'estragon haché et 4 jaunes d'œufs. Salez et poivrez. Montez 4 blancs d'œufs en neige et incorporez-les délicatement à la préparation. Versez dans les ramequins et décollez avec le doigt la pâte du bord des ramequins afin que les soufflés montent bien. Placez sur une plaque de cuisson et faites cuire 10 à 12 minutes dans un four préchauffé à 220 °C. Servez aussitôt, avec une salade verte.

20 MINUTES

Raviolis aux patates douces, tomates et roquette

Pour 4 personnes

50 g de beurre

375 g de patates douces pelées
  et coupées en morceaux
  de 1 cm

2 gousses d'ail hachées

1 petite poignée de sauge hachée

le zeste râpé de ½ citron
  + un trait de jus de citron

200 g de tomates cerises
  coupées en deux

500 g de raviolis frais farcis
  au fromage

sel et poivre

Pour servir

100 g de fromage de chèvre frais,
  coupé en petits morceaux

1 poignée de roquette

· Faites fondre la moitié du beurre dans une grande poêle et ajoutez les patates douces, du sel et du poivre. Faites revenir 5 à 6 minutes à feu moyen, jusqu'à ce qu'elles soient bien dorées.

· Ajoutez l'ail, la sauge et le zeste de citron. Faites revenir 1 minute.

· Ajoutez le reste du beurre, les tomates cerises et le jus de citron. Faites revenir 1 minute, à feu doux.

· Pendant ce temps, faites cuire les raviolis en suivant les instructions de l'emballage. Arrosez d'un peu d'huile d'olive, puis mettez-les dans la poêle avec les patates douces et les tomates cerises. Mélangez délicatement pour les napper de sauce.

· Répartissez-les dans les assiettes et ajoutez le fromage de chèvre, la roquette et du poivre noir moulu sur le dessus.

10 MINUTES

Salade de raviolis aux tomates et à la roquette Faites cuire 500 g de raviolis frais farcis au fromage en suivant les instructions de l'emballage. Égouttez-les et rincez-les à l'eau froide. Mettez-les dans un saladier avec 1 grosse poignée de roquette, 100 g de fromage de chèvre en dés et 200 g de tomates cerises coupées en deux. Mélangez 6 c. à s. d'huile d'olive, 1 gousse d'ail écrasée, le jus de 1 citron, du sel et du poivre. Mélangez la salade et la vinaigrette.

30 MINUTES

Gratin de raviolis aux patates douces et aux tomates Faites cuire 500 g de raviolis frais farcis au fromage en suivant les instructions de l'emballage. Égouttez-les et mettez-les dans un plat à gratin légèrement huilé, avec 300 g de tomates cerises coupées en deux et 200 g de patates douces coupées en petits dés. Dans un petit saladier, battez 3 œufs, 300 ml de crème fraîche, 2 c. à s. de zeste de citron, 1 gousse d'ail écrasée, 2 c. à c. de sauge hachée et 100 g de fromage de chèvre en dés. Versez sur les raviolis et faites cuire 20 minutes dans un four préchauffé à 200 °C, jusqu'à ce que le gratin soit doré. Servez aussitôt avec une salade de roquette.

Beignets de halloumi

Pour 4 personnes

250 g de farine
1 œuf, blanc et jaune séparés
300 ml de bière blonde glacée
125 ml d'eau glacée
huile végétale pour la friture
500 g de halloumi
sel

Pour servir

roquette
quartiers de citron

- Tamisez la farine dans un saladier et ajoutez le jaune d'œuf. Versez peu à peu la bière, puis l'eau. Mélangez bien pour obtenir une pâte sans grumeaux.

- Montez le blanc d'œuf en neige et ajoutez-le délicatement à la pâte.

- Remplissez aux ⅔ une casserole ou une friteuse d'huile de friture. Faites chauffer à 180 °C, jusqu'à ce qu'un morceau de pain plongé dans l'huile soit doré en 10 à 15 secondes.

- Coupez le halloumi en tranches de 1 cm d'épaisseur et plongez-les dans la pâte à beignets. Faites frire les tranches de halloumi par petites quantités 3 à 4 minutes, jusqu'à ce qu'elles soient dorées. Retirez-les à l'aide d'une écumoire et salez-les. Servez-les avec la roquette et des quartiers de citron.

---

10 MINUTES

Brochettes de halloumi et de poivrons Coupez 2 poivrons rouges, 2 poivrons jaunes, 2 oignons rouges et 300 g de halloumi en morceaux de la taille d'une bouchée. Mettez-les dans un saladier. Mélangez 2 gousses d'ail écrasées, le jus et le zeste de 1 citron, 8 c. à s. d'huile d'olive et 2 c. à c. de thym. Versez sur les légumes et le halloumi, puis mélangez. Glissez les morceaux de halloumi et de légumes sur 12 brochettes en métal, en les alternant. Salez et poivrez. Faites griller 4 à 5 minutes de chaque côté sous le gril du four préchauffé.

30 MINUTES

Halloumi et poivrons grillés Coupez 250 g de halloumi en tranches de 2,5 cm de long et 5 mm d'épaisseur. Mélangez 1 ½ c. à c. de sumac moulu, 3 c. à c. de zeste de citron finement râpé et 3 c. à s. d'huile d'olive dans un saladier, et ajoutez les tranches de halloumi pour les enrober. Salez et poivrez. Faites chauffer une poêle-gril à feu moyen. Coupez 2 aubergines dans la longueur et badigeonnez-les d'huile d'olive. Faites cuire par petites quantités 2 à 3 minutes de chaque côté. Mettez-les dans un saladier. Faites cuire les tranches de halloumi sur le gril 2 à 3 minutes de chaque côté, jusqu'à ce qu'elles soient dorées. Mélangez 200 g de poivrons rouges et jaunes grillés en bocal, égouttés et coupés en dés, avec l'aubergine. Répartissez dans 4 assiettes et ajoutez les tranches de halloumi sur le dessus. Mélangez le jus de 1 citron, 3 c. à s. d'huile d'olive, du sel et du poivre. Versez sur la salade. Servez avec 2 c. à s. de persil et 2 c. à s. de menthe hachés.

30 MINUTES — Légumes mijotés à la malaise

Pour 4 personnes

2 c. à s. d'huile végétale

1 oignon moyen coupé en deux
puis en fines tranches

6 c. à s. de pâte de curry laksa

800 ml de lait de coco en conserve

300 ml d'eau

1 c. à c. de sel

200 g de pommes de terre
coupées en cubes

250 g de carottes pelées
et coupées en cubes

100 g de haricots verts fins
équeutés et coupés en deux

150 g de fleurettes de chou-fleur

300 g de courge butternut pelée,
épépinée et coupée en cubes

50 g de noix de cajou

50 g de germes de soja

6 ciboules coupées en morceaux
en biais

1 poignée de basilic thaï
ou de coriandre

- Faites chauffer l'huile dans une grande casserole à feu moyen. Ajoutez l'oignon et la pâte de curry. Faites revenir 2 à 3 minutes.

- Ajoutez le lait de coco, l'eau et le sel. Portez à ébullition.

- Ajoutez les pommes de terre et les carottes. Faites cuire 10 minutes à feu moyen, puis ajoutez les haricots verts, le chou-fleur et la courge. Faites cuire 7 minutes de plus.

- Ajoutez les noix de cajou et faites mijoter 3 minutes, jusqu'à ce que les légumes soient tendres.

- Ajoutez les germes de soja, les ciboules et le basilic ou la coriandre. Faites mijoter 1 minute et servez aussitôt.

10 MINUTES

Soupe rapide à l'asiatique

Faites chauffer 1 c. à s. d'huile dans un wok et ajoutez 6 ciboules hachées, 1 c. à s. de pâte de curry laksa, 400 ml de lait de coco en conserve, 400 ml de bouillon de légumes et 300 g de légumes pour wok prêts à l'emploi. Portez à ébullition et faites cuire à feu vif 4 à 5 minutes. Salez et poivrez.

20 MINUTES

Nouilles aux légumes et à la crème de coco

Faites chauffer 1 c. à s. d'huile végétale dans un wok ou une poêle. Ajoutez 6 ciboules et 2 gousses d'ail émincées, 200 g de carottes, 200 g de pois gourmands et 200 g de poivrons rouges coupés en fins bâtonnets. Faites revenir 4 à 5 minutes.

Pendant ce temps, faites tremper 375 g de nouilles de riz fines en suivant les instructions de l'emballage. Égouttez-les. Ajoutez 1 c. à s. de pâte de curry laksa dans le wok et faites sauter 3 à 4 minutes, puis ajoutez 200 ml de crème de coco et les nouilles égouttées. Faites sauter 2 à 3 minutes. Salez et poivrez.

30 MINUTES

Nasi goreng

Pour 4 personnes

2 gros œufs

3 c. à s. d'huile de tournesol

1 c. à s. de concentré de tomate

1 c. à s. de kecap manis

625 g de riz cuit

1 c. à s. de sauce soja légère

1 morceau de concombre
   de 5 cm coupé en bâtonnets

sel et poivre

8 ciboules coupées finement
   en biais pour décorer

Pour la pâte épicée

2 c. à s. d'huile végétale

4 gousses d'ail hachées

50 g d'échalotes hachées

25 g de cacahuètes salées grillées

6 piments rouges épépinés
   et grossièrement hachés

1 c. à c. de sel

- Mixez finement les ingrédients de la pâte épicée dans un robot ou écrasez-les dans un mortier. Battez les œufs avec un peu de sel et de poivre.

- Faites chauffer un peu d'huile de tournesol dans une petite poêle à feu moyen, versez ⅓ des œufs battus et faites cuire, jusqu'à ce que le fond ait pris. Retournez et faites cuire quelques secondes de plus. Retirez l'omelette de la poêle et roulez-la comme une crêpe. Recommencez 2 fois avec le reste des œufs battus. Coupez les omelettes en fines lamelles.

- Faites chauffer un wok à feu vif. Ajoutez 2 cuillerées à soupe d'huile de tournesol et la pâte épicée. Faites sauter 1 à 2 minutes.

- Ajoutez le concentré de tomate et le kecap manis. Faites cuire quelques secondes puis ajoutez le riz cuit et faites sauter 2 minutes, à feu vif.

- Ajoutez les lanières d'omelette et faites sauter 1 minute de plus avant d'ajouter la sauce soja, le concombre et la quasi-totalité des ciboules. Mélangez.

- Mettez le nasi goreng dans un plat chaud et ajoutez le reste des ciboules.

10 MINUTES

Soupe au riz épicée Mettez dans une casserole 400 g de riz cuit, 200 ml de lait de coco, 600 ml de bouillon de légumes chaud, 2 c. à s. de concentré de tomate et 1 c. à s. de curry doux en poudre. Portez à ébullition et faites cuire à feu vif 4 à 5 minutes. Hors du feu, ajoutez 6 ciboules et ¼ de concombre coupé en fines tranches. Salez et poivrez. Servez dans des bols chauds.

20 MINUTES

Gâteau de riz à l'indonésienne Dans un saladier, battez 6 œufs, 3 c. à s. de concentré de tomate, 1 c. à s. de pâte de curry, 6 ciboules coupées en fines tranches, 1 c. à s. de kecap manis, 6 c. à s. de coriandre finement hachée et 1 piment rouge finement haché. Ajoutez 400 g de riz cuit et mélangez. Faites chauffer 2 c. à s. d'huile dans une poêle antiadhésive et versez la préparation. Faites cuire à feu moyen 8 à 10 minutes jusqu'à ce que le fond soit légèrement doré. Faites dorer ensuite 3 à 4 minutes sous le gril du four préchauffé à température moyenne-forte. Servez aussitôt.

30 MINUTES

Tarte aux antipastis de légumes et au pesto

Pour 4 personnes

375 g de pâte feuilletée

3 c. à s. de pesto

300 g de tomates cerises rouges
et jaunes coupées en deux

150 g d'antipastis de légumes
(artichaut, poivron grillé,
champignons et aubergine)
en bocal, égouttés

100 g de fromage de chèvre
coupé en dés

feuilles de basilic pour servir

· Étalez la pâte feuilletée sur une plaque de cuisson. Réalisez une bordure de 2,5 cm avec la pointe d'un couteau sur tout le tour de la pâte. Piquez le fond avec une fourchette.

· Étalez le pesto sur le fond de tarte et répartissez dessus les tomates cerises, les antipastis de légumes et le fromage de chèvre. Faites cuire 15 à 20 minutes dans un four préchauffé à 200 °C.

· Pour servir, ajoutez des feuilles de basilic sur la tarte.

10 MINUTES

Spaghettis aux tomates cerises et au pesto Faites cuire 375 g de spaghettis à cuisson rapide en suivant les instructions de l'emballage. Coupez 500 g de tomates cerises rouges et jaunes en deux. Mettez-les dans un saladier avec 1 poignée de feuilles de basilic. Égouttez les spaghettis et ajoutez-les dans le saladier avec 8 c. à s. de pesto frais et 50 g de pignons de pin grillés. Mélangez.

20 MINUTES

Salade de pâtes aux antipastis et au pesto Faites cuire 300 g de rigatonis en suivant les instructions de l'emballage. Pendant ce temps, préparez le pesto en mixant finement 50 g de feuilles de basilic, 25 g de pignons de pin grillés, 50 g de parmesan râpé, 1 gousse d'ail écrasée et 100 ml d'huile d'olive dans un blender. Ajoutez du poivre noir et mettez le pesto dans un saladier. Ajoutez 300 g de tomates cerises coupées en deux, 200 g d'antipastis de légumes en bocal et les pâtes. Mélangez et servez à température ambiante.

 **MINUTES**

Ratatouille

Pour 4 personnes

100 ml d'huile d'olive

2 oignons hachés

1 aubergine coupée en dés de 1,5 cm

2 grosses courgettes coupées
en dés de 1,5 cm

1 poivron rouge épépiné et coupé
en morceaux de 1,5 cm

1 poivron jaune épépiné
et coupé en morceaux de 1,5 cm

2 gousses d'ail écrasées

400 g de tomates concassées
en conserve

2 à 3 c. à s. de vinaigre balsamique

1 c. à c. de sucre roux

10 à 12 olives noires dénoyautées

sel et poivre

feuilles de basilic pour décorer

- Faites chauffer l'huile d'olive dans une cocotte et faites revenir tous les légumes, sauf les tomates, pendant quelques minutes.

- Ajoutez les tomates, le vinaigre balsamique et le sucre. Salez et poivrez. Mélangez, couvrez et faites mijoter 15 minutes, à feu doux, jusqu'à ce que les légumes soient cuits.

- Hors du feu, ajoutez les olives et les feuilles de basilic.

10 MINUTES

Soupe de légumes à la méditerranéenne Mixez la ratatouille cuite de la recette ci-dessus avec 300 ml de bouillon de légumes chaud. Versez dans des bols chauds et servez avec des feuilles de basilic.

20 MINUTES

Légumes grillés à la méditerranéenne Coupez 2 aubergines et 2 courgettes en fines tranches, dans la longueur. Badigeonnez-les d'huile d'olive et faites-les cuire dans une poêle-gril chaude 2 à 3 minutes de chaque côté. Disposez-les sur un plat et ajoutez 300 g de poivrons rouges grillés en bocal, égouttés et coupés en lamelles, 2 tomates coupées en dés et 100 g d'olives noires dénoyautées. Dans un bol, mélangez 8 c. à s. d'huile d'olive, 3 c. à s. de vinaigre balsamique, 1 c. à c. de romarin finement haché, 1 gousse d'ail écrasée, 1 c. à c. de sucre roux, du sel et du poivre. Versez sur les légumes et mélangez. Pour servir, ajoutez des feuilles de basilic.

30 MINUTES

Salade de couscous aux légumes grillés

Pour 4 personnes

1 poivron rouge + 1 poivron jaune
  coupés en morceaux de 2,5 cm
1 aubergine moyenne coupée
  en morceaux de 2,5 cm
1 courgette coupée
  en dés de 2,5 cm
2 petits oignons rouges pelés
  et coupés en quartiers
huile d'olive pour arroser
200 g de couscous
6 à 8 citrons confits en saumure
  coupés en deux
1 grosse poignée de menthe
  et de coriandre hachées
50 g de pignons de pin grillés
150 g de feta émiettée
100 g de graines de grenade
sel et poivre

Pour la vinaigrette

le jus de 1 orange
5 c. à s. d'huile d'olive
1 c. à c. de cumin moulu
½ c. à c. de cannelle moulue
sel et poivre

- Mettez les légumes sur une plaque de cuisson antiadhésive. Arrosez d'un peu d'huile d'olive et assaisonnez bien. Faites cuire 15 à 20 minutes dans un four préchauffé à 200 °C, jusqu'à ce que les légumes commencent à être grillés.

- Pendant ce temps, mettez le couscous dans un saladier et couvrez d'eau bouillante à hauteur. Salez et poivrez. Couvrez avec du film alimentaire et laissez gonfler 10 minutes. Détachez les graines à l'aide d'une fourchette et mettez le couscous dans un grand plat.

- Préparez la vinaigrette en mélangeant le jus d'orange, l'huile d'olive, le cumin, la cannelle, du sel et du poivre.

- Mélangez les légumes cuits, les citrons confits et les herbes avec le couscous. Versez la vinaigrette et remuez.

- Au moment de servir, parsemez la salade de pignons de pin, de feta et de graines de grenade.

---

10 MINUTES

Couscous aux citrons confits et aux herbes Mettez dans un saladier 500 g de couscous cuit, 8 c. à s. de menthe et 8 c. à s. de coriandre hachées, 6 ciboules émincées et 6 citrons confits hachés. Salez et poivrez. Mélangez et ajoutez des pignons de pin grillés.

20 MINUTES

Taboulé aux légumes grillés Faites cuire les légumes comme ci-dessus. Mettez 200 g de boulgour dans un saladier et versez à hauteur du bouillon de légumes chaud. Couvrez et laissez gonfler 15 minutes. Ajoutez 2 gousses d'ail finement hachées, 6 c. à s. d'huile d'olive, 1 grosse poignée de persil plat, 1 grosse poignée de menthe ainsi que les légumes cuits et leur jus de cuisson. Salez et poivrez. Mélangez.

20 MINUTES

Tofu et légumes sautés à la sichuanaise

Pour 4 personnes

4 c. à s. d'huile végétale

6 ciboules émincées

2 piments rouges émincés

2,5 cm de gingembre frais finement haché

4 gousses d'ail émincées

1 c. à c. de poivre du Sichuan écrasé

1 pincée de sel

250 g de tofu coupé en dés de 2,5 cm

200 g de pois gourmands coupés en deux

150 g de mini-épis de maïs coupés en deux dans la longueur

250 g de pak choi haché

300 g de germes de soja

2 c. à s. de sauce soja légère

2 c. à s. de vin de riz de Shaoxing

huile de sésame

riz cuit pour servir

- Faites chauffer 2 cuillerées à soupe d'huile dans un wok et ajoutez les ciboules, les piments, le gingembre, l'ail, le poivre du Sichuan et 1 pincée de sel. Faites sauter 1 minute. Ajoutez le tofu et faites sauter 2 minutes de plus. Retirez du wok.

- Faites chauffer le reste de l'huile dans le wok et faites sauter les pois gourmands, les mini-épis de maïs, le pak choi et les germes de soja quelques minutes. Ajoutez la sauce soja et le vin de riz.

- Remettez le tofu dans le wok et mélangez.

- Agrémentez d'huile de sésame et servez avec du riz.

10 MINUTES

Tofu sauté à la sichuanaise
Coupez 500 g de tofu en dés et faites-les dorer 2 à 3 minutes sous le gril du four préchauffé. Faites chauffer 2 c. à s. d'huile végétale dans un wok et ajoutez 600 g d'un mélange de légumes pour wok prêt à l'emploi. Faites sauter 3 à 4 minutes. Ajoutez 150 ml de sauce piquante sichuanaise prête à l'emploi et faites sauter 1 à 2 minutes. Ajoutez le tofu et mélangez.

30 MINUTES

Salade de nouilles au tofu et au poivre du Sichuan Dans un saladier, mélangez 4 c. à s. de sauce soja légère, 3 c. à s. de sauce pimentée sucrée, le zeste finement râpé et le jus de 1 citron, 2 piments rouges hachés, 2 c. à c. de poivre du Sichuan et 2 c. à s. d'eau. Ajoutez 500 g de dés de tofu et laissez mariner 25 minutes au minimum. Pendant ce temps, mettez 200 g de nouilles de riz fines à gonfler 5 minutes dans un saladier d'eau bouillante, puis égouttez-les. Refroidissez-les sous de l'eau froide. Mélangez les nouilles, 100 g de pois gourmands coupés en fines tranches, 100 g de radis coupés en fines tranches, 1 oignon rouge coupé en fines tranches et 1 c. à s. de graines de sésame grillées. Ajoutez-les au tofu et mélangez. Répartissez dans des bols et parsemez de coriandre.

30 MINUTES Tajine de légumes

Pour 4 personnes

2 c. à s. d'huile d'olive

1 oignon coupé en deux puis émincé

3 gousses d'ail finement hachées

1 c. à c. de gingembre frais râpé

1 c. à c. de cannelle moulue

1 pincée de filaments de safran

2 c. à c. de cumin moulu

4 c. à s. de harissa

4 c. à s. de concentré de tomate

3 c. à s. de miel liquide

875 g de légumes d'automne
  (par exemple potiron, panais
  et patate douce) pelés
  et coupés en morceaux

750 ml de bouillon de légumes

sel et poivre

couscous cuit pour servir

coriandre hachée pour servir

- Faites chauffer l'huile d'olive dans une grande casserole antiadhésive et faites revenir l'oignon et l'ail 1 à 2 minutes.

- Ajoutez le gingembre, la cannelle, le safran, le cumin, la harissa, le concentré de tomate, le miel, les légumes et le bouillon. Portez à ébullition.

- Salez et poivrez. Couvrez, baissez le feu et faites mijoter 20 minutes, jusqu'à ce que les légumes soient très tendres.

- Servez avec du couscous et ajoutez de la coriandre hachée.

10 MINUTES

Couscous à la marocaine

Dans un saladier, mettez 400 g de couscous, 2 c. à c. de harissa, 1 c. à c. de cumin moulu, 1 c. à c. de cannelle moulue, 1 bonne pincée de safran, ½ oignon haché, 3 c. à s. de concentré de tomate et 1 c. à s. de miel. Versez du bouillon de légumes chaud à hauteur, salez et poivrez. Mélangez et laissez gonfler 8 minutes, à couvert. Aérez les grains de couscous avec une fourchette et ajoutez 4 c. à s. de coriandre hachée.

20 MINUTES

Sauce aux légumes racines à la marocaine Faites chauffer 2 c. à s. d'huile d'olive dans une casserole et ajoutez 1 oignon haché, 2 gousses d'ail écrasées, 1 c. à c. de gingembre frais râpé, 1 c. à c. de cumin moulu et 1 c. à c. de cannelle moulue. Faites revenir 1 à 2 minutes, puis ajoutez 400 g de tomates hachées, 2 c. à c. de harissa, 200 ml de bouillon de légumes chaud et 625 g de légumes d'automne mélangés (par exemple, potiron, patate douce et navet).

Portez à ébullition. Faites cuire 15 minutes, sans couvrir, jusqu'à ce que les légumes soient tendres. Salez et poivrez. Servez avec des pâtes.

10 MINUTES

Aubergines sautées à la harissa

Pour 4 personnes

4 c. à s. d'huile de tournesol

750 g de mini-aubergines coupées en fines tranches

4 tomates coupées en dés

1 c. à c. de cannelle moulue

1 c. à c. de coriandre finement hachée

2 c. à s. de harissa

sel et poivre

riz basmati cuit pour servir

- Faites chauffer l'huile dans une grande poêle et ajoutez les aubergines.

- Faites revenir à feu vif 2 à 3 minutes, puis ajoutez les tomates, la cannelle, la coriandre et la harissa. Faites sauter 3 à 4 minutes, jusqu'à ce que les aubergines soient tendres.

- Salez et poivrez. Servez avec du riz basmati.

20 MINUTES

Beignets d'aubergine à la marocaine Coupez 750 g d'aubergines en bâtonnets. Mélangez-les dans un saladier avec 2 c. à s. de harissa, 1 c. à c. de curcuma, 1 c. à c. de coriandre écrasée et un peu de sel. Ajoutez peu à peu 250 g de farine de pois chiches afin d'enrober les aubergines. Versez progressivement de l'eau glacée pour obtenir une pâte relativement épaisse. Remplissez une casserole à ¼ d'huile de tournesol et faites chauffer à 180 °C (un morceau de pain plongé dans la friture doit dorer en 10 à 15 secondes). Faites frire les aubergines 1 à 2 minutes par petites quantités. Retirez-les avec une écumoire et égouttez-les sur du papier absorbant. Servez avec une sauce au yaourt à la menthe.

30 MINUTES

Mini-aubergines braisées au miel et à la harissa Mixez 1 c. à s. de gingembre frais finement râpé, 2 c. à s. d'ail finement râpé et 200 g de tomates concassées en conserve dans un blender. Faites chauffer 100 ml d'huile de tournesol dans une grande poêle à feu moyen et faites dorer 625 g de mini-aubergines coupées en deux 6 à 8 minutes, en les retournant 1 fois. Retirez-les avec une écumoire et égouttez-les sur du papier absorbant. Chauffez de nouveau l'huile qui se trouve dans la poêle et ajoutez 1 c. à c. de cumin moulu, 2 c. à c. de graines de fenouil et 2 c. à c. de graines de nigelle. Faites revenir 1 à 2 minutes, puis ajoutez le mélange mixé. Faites cuire 2 à 3 minutes, puis ajoutez 200 g de tomates concassées en conserve, 1 c. à c. de cannelle moulue, 1 c. à c. de coriandre moulue et 1 c. à s. de harissa. Salez et poivrez. Faites cuire 10 minutes à feu moyen, en remuant souvent, jusqu'à ce que le mélange épaississe. Ajoutez 1 c. à s. de miel liquide. Remettez les aubergines dans la poêle et mélangez délicatement. Couvrez et faites cuire 3 à 4 minutes. Hors du feu, ajoutez 2 c. à s. de pignons de pin grillés et 6 c. à s. de coriandre hachée. Servez avec du couscous ou du riz.

Soufflés au bleu et au brocoli

Pour 4 personnes

50 g de beurre + un peu
de beurre fondu pour
les ramequins
1 poignée de chapelure fraîche
250 g de fleurettes de brocoli
40 g de farine
300 ml de lait
1 c. à c. de paprika
1 pincée de noix de muscade râpée
4 œufs, blancs et jaunes séparés
100 g de bleu de Bresse émietté
sel et poivre

- Beurrez 4 ramequins de 300 ml chacun et recouvrez les parois et le fond de chapelure.

- Faites blanchir le brocoli dans de l'eau bouillante, jusqu'à ce qu'il soit presque tendre, puis mixez-le dans un blender.

- Faites fondre le beurre dans une casserole et ajoutez la farine. Faites cuire 2 minutes. Ajoutez peu à peu le lait, en remuant, et portez à ébullition. Faites bouillir 2 minutes jusqu'à épaississement.

- Retirez du feu et ajoutez les épices et les jaunes d'œufs. Salez et poivrez. Ajoutez la purée de brocoli et le fromage.

- Montez les blancs d'œufs en neige ferme et incorporez-les délicatement à la préparation précédente.

- Répartissez dans les ramequins et décollez avec le doigt la pâte du bord des ramequins afin que les soufflés montent bien. Faites cuire 8 à 10 minutes dans un four préchauffé à 200 °C. Servez aussitôt.

10 MINUTES

Soupe au brocoli et au bleu

Dans une casserole, mettez 600 ml de soupe de légumes toute prête et 400 g de fleurettes de brocoli finement hachées. Portez à ébullition et faites mijoter 5 à 6 minutes, sans couvrir. Mixez à l'aide d'un mixeur plongeant. Ajoutez 200 ml de crème fraîche et 100 g de bleu de Bresse émietté. Salez et poivrez. Servez dans des bols chauds avec du pain de campagne.

20 MINUTES

Pâtes au brocoli et au bleu

Faites cuire 375 g de penne en suivant les instructions de l'emballage. Pendant ce temps, faites blanchir 500 g de fleurettes de brocoli 3 à 4 minutes, dans une casserole d'eau bouillante. Égouttez-les bien. Enrobez-les de 4 c. à s. d'huile d'olive et faites-les griller dans une poêle-gril 3 à 4 minutes. Égouttez les penne et remettez-les dans la casserole avec les fleurettes de brocoli, 100 g de bleu de Bresse émietté et 200 g de St Môret. Salez et poivrez. Ajoutez sur le dessus 50 g de noix grillées hachées et servez, avec une salade de roquette.

20 MINUTES

Pancakes aux oignons nouveaux, aneth et ciboulette

Pour 4 personnes

175 g de farine

1 c. à c. de poudre à lever

150 ml de lait

2 gros œufs

50 g de beurre fondu

2 c. à s. d'aneth et 2 c. à s.
de ciboulette finement hachés
+ un peu pour décorer

4 oignons nouveaux finement
hachés

huile végétale

sel et poivre

Pour servir

200 g de cream cheese fouetté
avec le jus de 1 citron

2 tomates allongées finement
hachées

- Tamisez la farine et la poudre à lever dans un saladier, avec 1 pincée de sel. Mélangez à l'aide d'un fouet le lait, les œufs, le beurre, les herbes et les oignons nouveaux dans un autre saladier. Versez le lait dans la farine, en remuant, pour obtenir une pâte sans grumeaux.

- Faites chauffer un peu d'huile dans une petite poêle antiadhésive et versez ⅛ de la pâte. Faites cuire 1 à 2 minutes, jusqu'à ce que des bulles se forment à la surface. Retournez le pancake et faites cuire 1 à 2 minutes. Retirez de la poêle et réservez au chaud pendant la préparation des autres pancakes. Vous devez obtenir ainsi 8 pancakes.

- Empilez 2 pancakes par assiette et ajoutez 1 cuillerée à soupe de cream cheese sur le dessus, puis les tomates hachées, les herbes hachées et du poivre noir fraîchement moulu.

10 MINUTES

Œufs brouillés à l'aneth, à la ciboulette et au fromage frais Battez 6 œufs et 200 g de cream cheese, puis ajoutez 1 petite poignée de ciboulette et 1 petite poignée d'aneth hachés. Faites chauffer 2 c. à s. de beurre dans une poêle et versez les œufs. Faites cuire, en remuant, jusqu'à ce que les œufs soient brouillés. Salez et poivrez. Servez avec des toasts chauds beurrés.

30 MINUTES

Soupe aux ciboules et aux herbes Coupez en morceaux séparément le blanc et le vert de 750 g de ciboules et réservez. Faites fondre 50 g de beurre dans une grande casserole et ajoutez 50 ml d'huile d'olive, les blancs des ciboules, 6 gousses d'ail coupées en deux, du sel et du poivre. Faites sauter à feu moyen 4 à 5 minutes. Ajoutez le vert des ciboules et 3 feuilles de laurier, et faites cuire 10 minutes. Ajoutez 300 g de petits pois et 1 courgette coupée en dés. Faites cuire 5 minutes de plus.

Retirez la moitié des légumes de la casserole et réservez. Ajoutez 1 litre de bouillon dans la casserole, portez à ébullition, baissez le feu et faites mijoter 3 minutes. Retirez les feuilles de laurier et ajoutez 1 petite poignée d'aneth et 1 petite poignée de ciboulette hachés. Mixez à l'aide d'un mixeur plongeant avant de remettre les légumes réservés dans la casserole et de faire chauffer légèrement. Incorporez 200 g de fromage frais. Servez la soupe dans des bols.

30 MINUTES

Asperges grillées aux câpres et œufs de cane

Pour 4 personnes

625 g d'asperges vertes

200 g de tomates cocktail

3 c. à s. d'huile d'olive + un peu pour arroser

4 œufs de cane

4 tranches de pain au levain grillées

sel et poivre

Pour la vinaigrette

2 c. à s. de câpres rincées

6 c. à s. d'huile d'olive

2 c. à s. de vinaigre de vin

1 c. à c. de moutarde de Dijon

1 gousse d'ail écrasée

2 c. à c. de baies roses écrasées

- Faites blanchir les pointes d'asperge 1 à 2 minutes.

- Mettez les tomates sur une plaque de cuisson tapissée de papier sulfurisé. Arrosez-les d'un peu d'huile d'olive, salez, poivrez et faites cuire 10 à 12 minutes dans un four préchauffé à 200 °C.

- Mélangez les asperges et 1 cuillerée à soupe d'huile d'olive dans une poêle-gril chaude. Faites cuire les asperges 4 minutes, en les retournant 1 fois. Disposez-les sur 4 assiettes.

- Faites cuire les œufs dans une poêle huilée, jusqu'à ce qu'ils soient cuits à votre convenance. Mettez 1 tranche de pain grillé dans chaque assiette et recouvrez-les de 1 œuf au plat.

- Mélangez les ingrédients de la vinaigrette, salez et poivrez. Versez sur les asperges et les œufs. Servez aussitôt avec les tomates cuites au four.

10 MINUTES

Salade aux asperges, romaine et œufs de cane Faites blanchir 625 g de pointes d'asperge dans une casserole d'eau bouillante salée pendant 3 minutes. Égouttez-les et mettez-les dans un plat avec 300 g de tomates cocktail coupées en deux ou en quatre, 2 œufs de cane durs coupés en quatre et les feuilles de 2 cœurs de romaine. Dans un bol, mélangez 6 c. à s. d'huile d'olive, 2 c. à s. de vinaigre de vin, 1 c. à c. de moutarde de Dijon, 1 gousse d'ail écrasée, du sel et du poivre. Mélangez la vinaigrette et la salade.

20 MINUTES

Tortilla aux asperges et aux tomates cocktail Coupez 625 g de pointes d'asperge en deux. Battez 6 œufs, 100 g de parmesan râpé, 2 c. à s. de basilic haché, du sel et du poivre. Faites chauffer 4 c. à s. d'huile d'olive dans une poêle antiadhésive à feu vif et ajoutez 2 gousses d'ail hachées, 6 tomates cocktail hachées et les asperges. Mélangez et faites cuire 2 minutes, jusqu'à ce que l'ail commence à dorer. Ajoutez les œufs dans la poêle, en les répartissant de manière uniforme sans remuer. Lorsque les œufs commencent à prendre sur les bords, mettez la poêle pour 3 à 4 minutes sous le gril du four préchauffé à température moyenne-forte, jusqu'à ce que la tortilla soit dorée. Servez avec du mesclun.

 **MINUTES**

Risotto au citron et aux herbes

Pour 4 personnes

1 c. à s. d'huile d'olive

3 échalotes finement hachées

2 gousses d'ail finement hachées

½ cœur de céleri finement haché

1 courgette coupée en petits dés

1 carotte pelée et coupée
   en petits dés

300 g de riz arborio

1,2 litre de bouillon de légumes
   chaud

1 poignée d'un mélange d'herbes
   fraîches hachées (estragon,
   persil, ciboulette, aneth)

100 g de beurre

1 c. à s. de zeste de citron
   finement râpé

100 g de parmesan râpé

sel et poivre

· Faites chauffer l'huile d'olive dans une casserole et ajoutez les échalotes, l'ail, le céleri, la courgette et la carotte. Faites revenir à feu doux 4 minutes. Ajoutez le riz et augmentez le feu. Faites revenir 2 à 3 minutes.

· Ajoutez 1 louchée de bouillon chaud et la moitié des herbes. Salez et poivrez.

· Baissez le feu et versez le reste du bouillon, en ajoutant 1 louchée à la fois et en remuant sans cesse, jusqu'à ce que le bouillon soit absorbé avant d'ajouter la louchée suivante. Arrêtez la cuisson lorsque le riz est cuit, mais encore légèrement croquant sous la dent.

· Hors du feu, ajoutez le reste des herbes, le beurre, le zeste de citron et le parmesan. Couvrez la casserole et laissez reposer 2 à 3 minutes pour que le riz devienne crémeux. Poivrez et servez.

MINUTES

Riz au citron et aux légumes
Faites chauffer 1 c. à s. d'huile d'olive dans une poêle et faites revenir 2 échalotes hachées, 2 gousses d'ail hachées et 300 g de légumes pour wok prêts à l'emploi. Ajoutez 500 g de riz pour micro-ondes ainsi que le zeste et le jus de 1 petit citron. Faites sauter 5 à 6 minutes.

MINUTES

Tagliatelles au citron et aux herbes Faites chauffer 1 c. à s. d'huile dans une poêle et ajoutez 2 échalotes hachées, 1 gousse d'ail hachée, ½ carotte coupée en petits dés et 1 bâton de céleri coupé en petits dés. Faites sauter à feu moyen 4 à 5 minutes. Faites cuire 375 g de tagliatelles. Égouttez-les et mettez-les dans la poêle avec 1 grosse poignée d'herbes fraîches hachées, le jus et le zeste finement râpé de 1 petit citron. Ajoutez 100 g de parmesan râpé et servez.

Nouilles udon sautées aux asperges

Pour 4 personnes

2 c. à s. d'huile de tournesol

2 gousses d'ail écrasées

400 g de pointes d'asperge verte

8 ciboules émincées en biais

400 g de nouilles udon prêtes
à l'emploi

5 c. à s. de sauce d'huître

5 c. à s. d'eau

- Faites chauffer l'huile dans une poêle. Faites sauter l'ail et les pointes d'asperge 2 minutes.

- Ajoutez les ciboules, les nouilles, la sauce d'huître et l'eau. Mélangez et faites sauter 2 minutes de plus. Servez aussitôt.

20 MINUTES

Soupe aux nouilles udon, asperges et fèves de soja

Mettez 3 c. à s. de sauce soja foncée, 2 c. à s. de vinaigre de riz, 1 c. à s. de mirin et 2 c. à s. de sucre roux dans un saladier, et mélangez pour faire dissoudre le sucre. Ajoutez 300 g de tofu coupé en morceaux de la taille d'une bouchée et mélangez pour les napper. Laissez mariner 15 minutes au minimum. Au moment de préparer le plat, mettez 1 assiette à chauffer au four à température basse. Étalez 2 c. à s. de fécule de maïs sur une assiette. Retirez les morceaux de tofu de la marinade (réservez la marinade) et enrobez-les de fécule. Faites chauffer une poêle à feu moyen et couvrez le fond d'huile de tournesol. Faites revenir les morceaux de tofu et tournez-les à l'aide de pinces pour qu'ils soient dorés de chaque côté. Égouttez-les sur du papier absorbant et réservez-les au chaud sur l'assiette placée au four. Pendant ce temps, portez à ébullition dans une casserole 1 litre de bouillon de légumes avec la marinade réservée. Ajoutez 400 g de pointes d'asperge, 50 g de fèves de soja, 50 g de petits pois surgelés, 1 c. à c. de gingembre frais râpé et 400 g de nouilles udon prête à l'emploi. Faites mijoter 3 à 4 minutes, jusqu'à ce que les légumes soient cuits mais encore croquants. Répartissez la soupe et le tofu dans 4 bols. Ajoutez 25 g de coriandre grossièrement hachée et un peu d'huile pimentée.

30 MINUTES

Crêpes de nouilles udon et asperges grillées

Faites cuire 200 g de nouilles udon en suivant les instructions de l'emballage, puis égouttez-les. Faites chauffer 2 c. à s. d'huile dans une poêle, à feu vif. Divisez les nouilles en 12 parts et faites-les frire par petites quantités. Aplatissez-les à l'aide d'une spatule, baissez le feu et faites-les dorer 3 à 4 minutes. Retournez-les et faites cuire 1 à 2 minutes, en les aplatissant de nouveau. Retirez-les de la poêle et réservez-les au chaud. Faites chauffer un gril en fonte. Badigeonnez 400 g de pointes d'asperge avec de l'huile et faites-les saisir sur le gril 2 à 3 minutes de chaque côté. Mettez-les dans un saladier et ajoutez 6 c. à s. de sauce d'huître et 3 c. à s. de sauce pimentée sucrée. Servez les « crêpes » de nouilles avec les asperges.

 **MINUTES**

Tarte à la tomate, au camembert et au fromage de chèvre

Pour 4 personnes

250 g de pâte feuilletée

3 à 4 c. à s. de tapenade
aux olives noires ou de moutarde
de Dijon, si vous préférez

300 g de tomates mûres coupées
en fines tranches

8 feuilles de basilic coupées
en morceaux

125 g de camembert

100 g de fromage de chèvre

2 c. à s. de thym frais
+ quelques brins pour décorer

1 à 2 c. à s. d'huile d'olive

sel et poivre

- Déroulez la pâte dans un moule à tarte de 25 cm de diamètre.

- Étalez la tapenade ou la moutarde sur le fond.

- Disposez les tranches de tomate en cercles concentriques sur le fond de tarte. Salez (n'oubliez pas que la tapenade est salée), poivrez et ajoutez le basilic.

- Coupez le camembert et le fromage de chèvre en fines tranches. Mettez 1 rang de tranches de camembert sur le bord extérieur de la pâte, puis ajoutez 1 rang de tranches de fromage de chèvre. Mettez les éventuels restes de fromage au centre.

- Parsemez de thym et arrosez d'un filet d'huile d'olive.

- Faites cuire 15 à 18 minutes dans un four préchauffé à 200 °C, jusqu'à ce que la pâte soit cuite et le fromage doré. Servez aussitôt, décoré de brins de thym.

 **MINUTES**

Baguette à la tomate, à la tapenade et aux 2 fromages

Coupez 2 baguettes chaudes en deux et étalez 10 c. à s. de tapenade aux olives noires et 6 c. à s. de moutarde de Dijon sur la mie. Ajoutez 400 g de tomates coupées en tranches, 25 g de basilic, 100 g de camembert et 100 g de fromage de chèvre coupés en tranches. Salez et poivrez. Servez avec une salade verte.

MINUTES

Pâtes aux tomates fraîches et aux 2 fromages Faites cuire 375 g de farfalles en suivant les instructions de l'emballage. Pendant ce temps, hachez 4 tomates, 100 g d'olives noires dénoyautées, 25 g de basilic et 2 c. à s. de thym. Mettez-les dans un saladier avec 100 g de fromage de chèvre et 100 g de camembert coupés en dés. Égouttez les pâtes et ajoutez-les dans le saladier. Salez, poivrez et mélangez.

30 MINUTES

Crumble aux haricots blancs et aux légumes

Pour 4 personnes

75 g de beurre froid coupé en dés

175 g de farine

100 g de noix hachées

50 g de gruyère râpé

500 g de brocoli, de chou-fleur
   et de carottes en sachets
   prêts à l'emploi

500 g de sauce tomate
   aux herbes de Provence
   en bocal

2 gousses d'ail écrasées

6 c. à s. de basilic finement haché

400 g de haricots blancs
   en conserve, égouttés et rincés

sel et poivre

· Mélangez le beurre et la farine dans un saladier de façon à former une pâte grumeleuse. Ajoutez les noix hachées et le gruyère râpé. Salez et poivrez. Réservez.

· Retirez les carottes des sachets de légumes, hachez-les grossièrement et faites-les blanchir 2 minutes dans de l'eau bouillante. Ajoutez le brocoli et le chou-fleur, et faites cuire 1 minute de plus. Égouttez-les.

· Pendant ce temps, faites chauffer la sauce tomate dans une casserole.

· Ajoutez l'ail, le basilic, les haricots blancs et les légumes blanchis. Mettez le tout dans un plat à four et étalez la pâte à crumble sur le dessus. Faites cuire 15 à 20 minutes dans un four préchauffé à 200 °C, jusqu'à ce que le crumble soit doré.

10 MINUTES

Tartinade aux haricots blancs et aux noix Mixez 800 g de haricots blancs en conserve, égouttés, le jus et le zeste finement râpé de 1 citron, 1 gousse d'ail écrasée, 4 c. à s. de basilic et 4 c. à s. de menthe hachés, 50 g de noix hachées, 8 c. à s. de mayonnaise et 2 c. à c. de moutarde de Dijon. Mixez jusqu'à ce que le mélange soit relativement lisse et étalez sur du pain au levain grillé. Servez avec une salade.

20 MINUTES

Soupe aux haricots blancs et aux légumes Faites chauffer 2 c. à s. d'huile d'olive et faites revenir 1 à 2 minutes 2 gousses d'ail émincées et 1 oignon haché. Ajoutez 1 litre de bouillon de légumes chaud, 500 g de brocoli, de chou-fleur et de carottes en sachets prêts à l'emploi, 25 g de persil haché et 800 g de haricots blancs en conserve, égouttés. Faites mijoter 15 minutes. Laissez refroidir légèrement et mixez ⅔ de la soupe à l'aide d'un mixeur plongeant. Remettez la soupe mixée avec le reste des légumes et ajoutez 2 c. à s. de concentré de tomate. Mélangez. Servez avec un peu de persil haché, si vous le souhaitez.

10 MINUTES

Salade d'œufs au curry

Pour 4 personnes

8 œufs durs
4 tomates coupées en quartiers
2 cœurs de romaine
¼ de concombre coupé en tranches
200 ml de yaourt nature
1 c. à s. de curry doux en poudre
3 c. à s. de concentré de tomate
le jus de 2 citrons verts
6 c. à s. de mayonnaise
sel et poivre
feuilles de thym pour décorer

- Coupez les œufs en deux et mettez-les dans un plat avec les tomates, les feuilles de romaine et le concombre.

- Mélangez le yaourt, le curry, le concentré de tomate, le jus de citron vert et la mayonnaise. Salez et poivrez. Versez la sauce sur la salade. Servez en décorant de feuilles de thym.

20 MINUTES

Omelette à l'indienne
Faites chauffer 2 c. à s. d'huile dans une poêle. Ajoutez 1 oignon haché, 1 piment rouge haché, 2 c. à c. de graines de cumin, 1 c. à c. de gingembre râpé, 1 c. à c. d'ail haché, 1 c. à c. de curry en poudre et 1 tomate finement hachée. Faites sauter 3 à 4 minutes. Battez 6 œufs et 1 petite poignée de coriandre finement hachée. Salez et poivrez. Versez les œufs dans la poêle. Faites cuire à feu doux 8 à 10 minutes, jusqu'à ce que le fond commence à prendre, puis faites dorer le dessus 3 à 4 minutes sous le gril du four préchauffé à température moyenne-forte. Sortez la poêle du four et servez avec du pain naan chaud et une salade.

30 MINUTES

Œufs au curry Faites chauffer 2 c. à s. d'huile de tournesol dans un wok. Ajoutez 1 c. à s. de graines de cumin, 1 c. à s. de graines de moutarde noire, 2 gousses d'ail écrasées, 2 piments rouges séchés et 10 feuilles de curry fraîches. Faites revenir 30 à 40 secondes. Ajoutez 1 oignon coupé en deux puis émincé, 2 c. à s. de curry en poudre, 200 g de tomates concassées en conserve, 1 c. à c. de sucre et 200 ml de crème de coco. Portez à ébullition, puis faites cuire à feu moyen 8 à 10 minutes, en remuant. Ajoutez 8 œufs durs écalés et faites cuire 10 à 12 minutes, jusqu'à ce que la sauce épaississe. Salez et décorez de feuilles de coriandre. Servez avec du pain naan chaud.

Desserts
minute

Recettes par temps de préparation

1⏱ MINUTES

 **MINUTES**

Tartelettes au citron meringuées

Pour 4 personnes

4 fonds de tartelette cuits
12 c. à s. de lemon curd
1 blanc d'œuf
50 g de sucre

- Remplissez chaque fond de tartelette avec 3 cuillerées à soupe de lemon curd.

- Montez le blanc d'œuf en neige dans un saladier. Quand il commence à être ferme, incorporez peu à peu le sucre, jusqu'à ce que la préparation soit ferme et brillante.

- Ajoutez le blanc en neige sur le lemon curd en formant une spirale. Faites cuire 5 à 6 minutes dans un four préchauffé à 200 °C, jusqu'à ce que la meringue commence à brunir. Laissez refroidir légèrement avant de servir.

10 MINUTES

Meringue, crème au citron et aux myrtilles Écrasez grossièrement 2 meringues et mettez-les au fond de 4 coupes à dessert. Fouettez 200 ml de crème fleurette entière en chantilly et incorporez 8 c. à s. de lemon curd pour créer un effet marbré. Ajoutez la crème sur la meringue et mettez dessus 25 g de myrtilles dans chaque coupe.

30 MINUTES

Tarte au citron Tamisez 125 g de farine au-dessus d'un saladier. Ajoutez 50 g de beurre froid coupé en dés et sablez du bout des doigts. Incorporez 25 g de sucre glace. Battez 1 jaune d'œuf avec 1 c. à s. d'eau froide et incorporez à la pâte. Formez une boule de pâte. Étalez la pâte dans un moule à tarte de 23 cm de diamètre. Recouvrez le fond de papier sulfurisé et de haricots secs. Faites cuire à blanc 12 à 15 minutes dans un four préchauffé à 180 °C, puis retirez les haricots et le papier. Poursuivez la cuisson 5 à 8 minutes pour faire dorer la pâte. Laissez refroidir. Ajoutez 625 g de lemon curd sur la tarte. Fouettez 200 ml de crème fleurette entière en chantilly et ajoutez-la sur le lemon curd.

 **MINUTES**

Figues rôties à l'amaretto

Pour 4 personnes

8 à 12 figues mûres
(2 à 3 par personne
en fonction de leur taille)

4 grosses oranges pelées à vif
et coupées en tranches

12 c. à s. d'amaretto

50 ml de vin blanc liquoreux

4 c. à s. de sucre

150 g de mascarpone légèrement
battu

4 c. à s. de pistaches finement
hachées

- Coupez l'extrémité des tiges des figues puis coupez les figues en deux.

- Mettez les tranches d'orange dans un plat à four et disposez les moitiés de figue dessus.

- Mélangez l'amaretto, le vin liquoreux et le sucre. Versez sur les fruits. Couvrez avec du papier d'aluminium sans trop serrer et faites cuire 10 à 12 minutes dans un four préchauffé à 200 °C.

- Répartissez les fruits dans 4 assiettes chaudes et ajoutez le sirop de cuisson.

- Servez avec 1 cuillerée de mascarpone et ajoutez les pistaches hachées sur le dessus.

 **MINUTES**

**Salade sucrée-salée
à l'amaretto et au bleu** Coupez 12 figues mûres en fines tranches et disposez-les sur un plat, avec les segments de 2 oranges pelées à vif. Ajoutez 100 g de bleu de Bresse coupé en dés. Préparez une vinaigrette en mélangeant le jus de 1 orange et 4 c. à s. d'amaretto. Versez sur la salade. Parsemez de 50 g de pistaches hachées.

2⬤MINUTES

Figues grillées à l'amaretto
Coupez 12 figues en tranches épaisses et mettez-les sur une grille légèrement huilée. Saupoudrez-les de 4 c. à s. de sucre et glissez pour 4 à 5 minutes sous le gril du four préchauffé à température moyenne-forte. Fouettez 200 ml de crème fleurette entière et 4 c. à s. d'amaretto en chantilly. Répartissez les figues dans

4 coupes à dessert et ajoutez la crème à l'amaretto. Parsemez de 100 g de pistaches hachées.

10 MINUTES

Verrines au yaourt, aux fruits rouges et au miel

Pour 4 personnes

400 g de fruits rouges surgelés, décongelés

le jus de 1 orange

6 c. à s. de miel liquide

400 ml de yaourt à la vanille

50 g de granola

- Mixez la moitié des fruits rouges avec le jus d'orange et le miel dans un blender.

- Versez dans un saladier et ajoutez le reste des fruits rouges.

- Répartissez ⅓ de la préparation dans 4 verres ou coupes à dessert, puis ajoutez la moitié du yaourt.

- Recouvrez avec la moitié des fruits rouges restants, puis ajoutez le reste du yaourt.

- Pour terminer, ajoutez le reste des fruits rouges et parsemez de granola au moment de servir.

20 MINUTES

Smoothie aux fruits rouges et à l'orange Pelez 2 grosses oranges à vif et prélevez les segments. Mettez-les dans un blender et ajoutez 750 ml de yaourt à la vanille, 400 g de fruits rouges surgelés et 4 c. à s. de miel liquide. Mixez jusqu'à ce que le mélange soit épais et onctueux. Versez dans 4 verres préalablement réfrigérés.

30 MINUTES

Tartelettes aux fruits rouges et au yaourt Coupez 2 feuilles de pâte filo en deux, puis chaque moitié en 4 carrés. Badigeonnez les carrés de beurre fondu. Faites 4 piles de 4 carrés chacune. Mettez-les dans 4 moules individuels de 10 cm de hauteur. Faites cuire 8 à 10 minutes dans un four préchauffé à 180 °C, jusqu'à ce que la pâte filo soit dorée et croustillante. Laissez refroidir puis démoulez. Au moment de servir, ajoutez 2 c. à s. de yaourt à la vanille dans chaque tartelette et 200 g de fruits rouges, puis saupoudrez de sucre glace.

 **MINUTES**

Crumble aux mûres

Pour 4 personnes

750 g de mûres

2 oranges pelées à vif et
  détaillées en segments

le zeste et le jus de 1 orange

200 g de beurre

200 g de farine

100 g de sucre roux

crème, glace ou crème anglaise
  pour servir (facultatif)

- Mélangez les mûres, les quartiers d'orange, le zeste et le jus d'orange dans un saladier.

- Dans un autre saladier, mélangez la farine et le beurre du bout des doigts pour obtenir une pâte grumeleuse. Ajoutez le sucre.

- Versez les fruits dans un moule et étalez la pâte à crumble sur le dessus.

- Faites cuire 20 à 25 minutes dans un four préchauffé à 220 °C jusqu'à ce que le crumble soit doré. Sortez du four et servez chaud avec de la crème, de la glace ou de la crème anglaise, si vous le souhaitez.

 **MINUTES**

Verrines aux mûres, à l'orange et à la crème anglaise

Répartissez 300 ml de crème anglaise dans 4 verres. Mixez 200 g de mûres et 4 c. à s. de sucre dans un blender. Versez dans les verres sur la crème anglaise. Pelez 2 grosses oranges à vif et coupez-les en segments. Ajoutez les oranges sur les mûres. Garnissez chaque verre de 1 boule de glace à la vanille.

MINUTES

Chutney épicé aux mûres

Dans une casserole, mélangez 500 g de mûres, 150 g de sucre, 1 petit oignon rouge émincé, 1 c. à s. de gingembre râpé et 1 c. à s. de moutarde de Dijon. Faites cuire à feu moyen, en remuant sans cesse, jusqu'à ce que les mûres éclatent. Salez et poivrez. Ajoutez 100 ml de vinaigre de vin blanc et laissez mijoter 10 minutes. Laissez

refroidir légèrement. Versez dans un bocal en verre stérilisé et fermez le couvercle aussitôt. Vous pouvez servir ce chutney avec des scones chauds et de la crème fouettée.

Yaourt brûlé aux cerises et à la vanille

Pour 4 personnes

300 g de cerises dénoyautées
et grossièrement hachées

6 c. à s. de sucre

50 g de cerises confites
grossièrement hachées

4 c. à s. de kirsch ou de liqueur
de cerise

400 ml de yaourt à la vanille

6 c. à s. de sucre glace

- Dans un saladier, mélangez les cerises fraîches, le sucre, les cerises confites et le kirsch.

- Répartissez-les dans 4 ramequins en verre et ajoutez le yaourt sur le dessus.

- Saupoudrez de sucre glace et caramélisez la surface avec un chalumeau de cuisine ou passez les ramequins 2 à 3 minutes sous le gril du four chaud. Servez aussitôt.

**Crème brûlée aux cerises
et aux framboises** Mettez
300 g de cerises dénoyautées
et 300 g de framboises dans un
plat à four. Ajoutez 400 ml de
crème anglaise prête à l'emploi
et saupoudrez de 4 c. à s. de
sucre. Faites dorer 4 à 5 minutes
sous le gril du four préchauffé
à température moyenne-forte.

**Cookies au chocolat blanc
et aux cerises** Mélangez 200 g
de beurre doux, 75 g de sucre
muscovado, 75 g de sucre roux,
1 à 2 gouttes d'extrait de vanille
et 1 œuf. Ajoutez ensuite 250 g
de farine avec levure incorporée,
100 g de pépites de chocolat
blanc, 75 g de cerises confites
hachées et ½ c. à c. de sel.
Formez 20 petits tas environ
sur des plaques de cuisson
antiadhésives, en les espaçant
bien. Faites cuire 12 à 14 minutes
dans un four préchauffé à 190 °C,
jusqu'à ce que les cookies soient
à peine dorés et encore souples
au centre. Laissez refroidir
5 minutes sur les plaques, puis
mettez-les sur des grilles pour
les faire refroidir complètement.

30 MINUTES

Fondants au chocolat

Pour 4 personnes

150 g de beurre coupé en dés
   + un peu pour les moules
25 g de cacao amer en poudre
200 g de chocolat noir à 70 %
   de cacao, coupé en morceaux
2 œufs + 2 jaunes d'œufs
125 g de sucre roux
25 g de farine
crème fraîche pour servir

- Beurrez 4 ramequins de 200 ml. Saupoudrez l'intérieur avec la moitié du cacao. Posez-les sur une plaque de cuisson.

- Faites fondre le chocolat et le beurre au bain-marie. Remuez jusqu'à ce que le mélange soit lisse et brillant. Retirez du bain-marie et laissez refroidir.

- Fouettez les œufs, les jaunes d'œufs et le sucre 5 minutes dans un saladier, jusqu'à ce que le mélange blanchisse.

- Ajoutez le chocolat fondu et mélangez. Incorporez ensuite la farine et le reste du cacao.

- Répartissez la pâte dans les ramequins. Faites cuire 14 à 16 minutes dans un four préchauffé à 180 °C, jusqu'à ce que le bord soit cuit et le centre encore souple. Tout en tenant un ramequin avec un torchon, glissez la lame d'un couteau entre le moule et le fondant. Retournez le ramequin sur une assiette chaude. Vous pouvez aussi servir les fondants dans les ramequins. Servez avec 1 cuillerée de crème fraîche.

10 MINUTES

Pancakes au chocolat et à la banane Faites fondre 200 g de chocolat noir dans une petite casserole. Mettez 4 pancakes prêts à l'emploi dans 4 assiettes et coupez 1 banane en tranches au centre de chaque pancake. Nappez de chocolat fondu.

20 MINUTES

Verrines au chocolat Cassez en morceaux 150 g de chocolat au lait et faites-le fondre dans une casserole à feu doux. Ajoutez 2 barres chocolatées lait-miel-amandes (Balisto) de 40 g chacune, coupées en morceaux. Mélangez 300 ml de crème fraîche entière et 250 g de mascarpone. Ajoutez ce mélange au chocolat pour créer un effet marbré. Répartissez dans des verres et saupoudrez de cacao amer en poudre.

30 MINUTES

Minipancakes, glace à la vanille et sauce au chocolat

Pour 4 personnes

250 g de farine avec levure
  incorporée
1 c. à c. de cannelle moulue
1 c. à c. de quatre-épices
50 g de sucre roux
1 œuf
300 ml de lait
huile de tournesol pour la poêle

Pour servir

4 boules de glace à la vanille
8 c. à s. de sauce au chocolat
  prête à l'emploi

- Mélangez la farine, la cannelle, le quatre-épices et le sucre dans un saladier et creusez un puits. Battez l'œuf et versez-le dans le puits. Versez le lait peu à peu en mélangeant bien.

- Faites chauffer un peu d'huile dans une poêle à feu moyen.

- Versez plusieurs cuillerées de pâte dans la poêle, en les espaçant, et faites cuire 1 à 2 minutes, jusqu'à ce que des bulles se forment à la surface des minipancakes. Retournez-les et faites cuire 1 à 2 minutes. Placez les pancakes sur une assiette, espacés par des serviettes en papier, et réservez-les au chaud, dans un four préchauffé à 150 °C. Recommencez jusqu'à ce qu'il ne reste plus de pâte.

- Servez 3 minipancakes par personne avec 1 boule de glace à la vanille et de la sauce au chocolat.

10 MINUTES

Biscuits aux épices Mélangez 100 g de beurre mou, 75 g de sucre muscovado, 1 c. à c. de cannelle moulue et ¼ de c. à c. de quatre-épices. Incorporez 1 œuf et 175 g de farine avec levure incorporée tamisée. Disposez la pâte en petits tas sur une plaque de cuisson chemisée de papier sulfurisé. Faites cuire 8 à 10 minutes dans un four préchauffé à 180 °C. Laissez refroidir sur une grille.

20 MINUTES

Pancakes à la ricotta et sauce au chocolat Mélangez 75 g de farine avec levure incorporée, 1 c. à c. de cannelle moulue, ½ c. à c. de sel et 25 g de sucre dans un saladier. Ajoutez 2 jaunes d'œufs (réservez les blancs), 90 ml de lait fermenté et 40 g de beurre fondu, puis ajoutez 100 g de ricotta. Montez les blancs d'œufs en neige et incorporez-les délicatement à la pâte, ⅓ à la fois. Faites chauffer un peu de beurre dans une grande poêle et versez 3 c. à s. de pâte par pancake, en les espaçant. Enfournez pour 4 minutes dans un four préchauffé à 160 °C, puis retournez les pancakes. Enfournez de nouveau et faites cuire 4 minutes de plus jusqu'à ce que les pancakes soient fermes au toucher. Mettez 1 pancake sur chaque assiette et ajoutez de la sauce au chocolat prête à l'emploi. Servez avec 1 cuillerée de crème fraîche.

30 MINUTES

Pancakes aux myrtilles

Pour 4 personnes

250 ml de lait

2 œufs

100 g de sucre

75 g de beurre fondu
  + un peu pour la poêle

1 c. à c. de poudre à lever

1 pincée de sel

250 g de farine

100 g de myrtilles
  + quelques-unes pour servir

sirop d'érable ou miel pour servir

- Mélangez à l'aide d'un fouet le lait, les œufs, le sucre et le beurre fondu dans un saladier. Ajoutez la poudre à lever et le sel, puis la moitié de la farine. Fouettez jusqu'à ce que la farine soit incorporée, puis ajoutez le reste de la farine. Ajoutez les myrtilles et mélangez.

- Faites chauffer une grande poêle antiadhésive à feu moyen. Graissez la poêle avec du beurre fondu à l'aide d'un morceau de papier absorbant. Versez des cuillerées de pâte en les espaçant. Ajoutez un peu de beurre si nécessaire.

- Faites cuire 1 à 2 minutes de chaque côté, jusqu'à ce que les pancakes soient dorés. Réservez au chaud. Continuez de la même façon avec le reste de la pâte.

- Répartissez les pancakes dans 4 assiettes préchauffées au four à 150 °C et arrosez-les de sirop d'érable ou de miel. Servez aussitôt avec des myrtilles.

10 MINUTES

Verrines façon cheesecake aux myrtilles Écrasez 4 spéculoos et mettez-les au fond de 4 verres. Mélangez 250 g de mascarpone, 4 c. à s. de crème fraîche, 4 c. à s. de sucre glace, le jus et le zeste râpé de 1 citron. Versez surles biscuits et ajoutez 150 g de myrtilles.

20 MINUTES

Pain perdu et compote de myrtilles Faites cuire à feu doux 100 g de myrtilles dans une casserole avec 2 c. à s. de sucre et un trait de jus de citron. Lorsque les myrtilles éclatent, laissez cuire 2 à 3 minutes de plus, jusqu'à ce qu'elles aient la consistance d'une confiture. Pendant ce temps, préparez le pain perdu. Battez 2 œufs, 4 c. à s. de lait, 1 c. à s. de sucre et quelques gouttes d'extrait de vanille et mélangez pour faire dissoudre le sucre. Trempez 4 tranches épaisses de brioche dans la pâte. Faites chauffer un peu de beurre dans une poêle et faites dorer les tranches de brioche de chaque côté. Servez avec 1 boule de glace à la vanille et la compote de myrtilles.

30 MINUTES

Pain perdu aux myrtilles et aux groseilles

Pour 4 personnes

3 œufs

100 ml de lait

50 ml de crème liquide entière

100 g de sucre

2 c. à c. de cannelle moulue

6 tranches épaisses de pain blanc

400 g de myrtilles et de groseilles mélangées

2 c. à s. d'eau

75 g de beurre

crème fraîche pour servir

- Dans un saladier, battez les œufs, le lait, la crème, la moitié du sucre et 1 pincée de cannelle.

- Trempez le pain quelques minutes dans cette pâte.

- Dans une poêle, mélangez le reste de la cannelle et le reste du sucre. Ajoutez les myrtilles et les groseilles et mélangez pour les recouvrir. Ajoutez l'eau et faites chauffer 3 à 4 minutes, à feu moyen. Retirez du feu et réservez au chaud.

- Dans une autre grande poêle antiadhésive, faites fondre la moitié du beurre. Égouttez avec précaution 3 tranches de pain et faites-les dorer 2 à 3 minutes de chaque côté. Recommencez avec le reste du beurre et les autres tranches de pain. Égouttez les tranches de pain perdu sur du papier absorbant, coupez-les en deux, en diagonale, et disposez-les sur 4 assiettes préchauffées au four à 150 °C.

- Ajoutez les fruits rouges cuits et servez avec de la crème fraîche.

10 MINUTES

Brioche aux fruits rouges

Faites légèrement griller 4 tranches épaisses de brioche. Fouettez 50 ml de crème fleurette entière avec 4 c. à s. de sucre, jusqu'à ce que des pointes se forment. Étalez la crème fouettée sur la brioche. Ajoutez 200 g de groseilles et de myrtilles mélangées et saupoudrez de sucre glace.

20 MINUTES

Sundaes aux fruits rouges

Fouettez 400 ml de crème fleurette entière en chantilly dans un saladier. Cassez 2 meringues en morceaux dans la crème. Ajoutez 100 g de groseilles et 200 g de myrtilles et mélangez pour obtenir un effet marbré. Mettez 1 boule de glace à la vanille dans le fond de 4 coupes et ajoutez la crème aux fruits rouges. Saupoudrez de sucre glace.

 **MINUTES**

Glace express aux fruits rouges

Pour 4 personnes

300 g de fruits rouges surgelés
400 ml de yaourt à la framboise
6 c. à s. de sucre glace

- Mixez les fruits rouges surgelés, le yaourt et le sucre glace dans un blender ou un robot.

- Raclez les parois du bol du blender ou du robot et mixez de nouveau.

- Répartissez dans des verres ou des coupes préalablement réfrigérés. Servez aussitôt.

**MINUTES**

Fruits rouges glacés et sauce aux chocolats blanc et noir
Répartissez 400 g de fruits rouges surgelés dans 4 coupes réfrigérées. Faites fondre 100 g de chocolat noir et 100 g de chocolat blanc dans 2 casseroles différentes. Fouettez 150 ml de crème fleurette entière, jusqu'à ce que des pointes se forment. Au moment de servir, arrosez les fruits rouges avec les 2 chocolats fondus encore chauds et servez avec la crème fouettée.

30 MINUTES

Miniclafoutis aux fruits rouges Beurrez légèrement 4 ramequins de 200 ml chacun et répartissez dedans 300 g de fruits rouges décongelés. Fouettez 125 g de St Môret, 150 g de sucre et 50 g de farine. Ajoutez quelques gouttes d'extrait de vanille, 3 œufs et 6 c. à s. de lait. Versez sur les fruits rouges et faites cuire 20 minutes dans un four préchauffé à 200 °C jusqu'à ce que les clafoutis soient bien dorés. Saupoudrez de sucre glace et servez avec du yaourt à la framboise.

 **MINUTES**

Mousses à la mangue

Pour 4 personnes

4 mangues mûres et fermes

200 ml de purée de mangue
en conserve

50 g de sucre

150 ml de crème fleurette entière

¼ de c. à c. de graines
de cardamome écrasées
+ quelques-unes pour décorer

200 ml de crème anglaise
prête à l'emploi

- Pelez et dénoyautez la mangue puis coupez la chair en petits cubes. Mixez les ¾ de la mangue dans un blender, avec la purée de mangue et le sucre.

- Fouettez la crème fleurette, avec les graines de cardamome, puis incorporez la crème anglaise. Ajoutez ¼ de la mangue mixée et mélangez pour obtenir un effet marbré.

- Répartissez la moitié des cubes de mangue au fond de 4 coupes à dessert. Ajoutez 1 couche de crème puis 1 couche de mangue mixée. Recommencez avec le reste de la crème et le reste de la mangue mixée.

- Décorez avec les cubes de mangue restants et parsemez le dessus des graines de cardamome. Placez au frais jusqu'au moment de servir.

MINUTES

**Lassi à la mangue
et à la cardamome** Pelez
et dénoyautez 3 mangues mûres
et mettez la chair dans un blender
avec 4 c. à s. de miel liquide,
500 ml de yaourt nature et
1 c. à c. de graines de cardamome
écrasées. Mixez jusqu'à ce que
le mélange soit onctueux, puis
versez dans 4 grands verres
remplis de glaçons.

MINUTES

Tartelettes à la mangue
Coupez une pâte feuilletée
rectangulaire en deux dans
le sens de la longueur. Coupez
chaque moitié en 4 rectangles de
même taille. Mettez-les sur une
plaque de cuisson chemisée de
papier sulfurisé. Badigeonnez-les
avec 2 c. à s. de lait et saupoudrez-
les de 1 c. à s. de sucre de canne.
Pelez et dénoyautez 2 mangues

mûres, puis coupez-les en fines
tranches. Disposez-les sur la pâte
et ajoutez 2 c. à s. de miel et
1 c. à c. de graines de cardamome
écrasées. Faites cuire 15 à
20 minutes dans un four
préchauffé à 200 °C. Servez
avec de la crème anglaise.

Verrines aux fruits rouges

Pour 4 personnes

400 g de fruits rouges mélangés
   (mûres, framboises, myrtilles)
   + quelques fruits pour décorer
400 ml de yaourt à la fraise
300 ml de crème fraîche
4 c. à s. de sucre glace
4 meringues grossièrement
   écrasées

- Mixez la moitié des fruits rouges dans un blender. Versez dans un saladier avec le yaourt à la fraise et mélangez bien.

- Mettez le reste des fruits rouges dans un saladier et incorporez la crème fraîche et le sucre glace. Ajoutez ce mélange au mélange précédant, en formant une spirale pour obtenir un effet marbré.

- Incorporez les meringues écrasées et répartissez dans 4 coupes en verre réfrigérées.

- Décorez avec des fruits rouges et servez aussitôt.

Compotée de fruits rouges au yaourt Faites chauffer 500 g de fruits rouges dans une casserole, avec 50 g de sucre et quelques gouttes d'extrait de vanille, 4 à 5 minutes, jusqu'à ce que les fruits commencent à éclater. Retirez du feu et laissez refroidir. Versez la moitié de la préparation dans 4 coupes à dessert. Ajoutez 200 ml de yaourt à la fraise puis le reste des fruits. Répartissez 2 meringues écrasées sur le dessus. Servez frais ou à température ambiante.

Trifles aux fruits rouges
Faites cuire à feu doux 200 g de framboises, 200 g de myrtilles, 200 g de mûres, 50 g de sucre et 2 c. à s. d'eau dans une petite casserole, 2 à 3 minutes. Laissez refroidir. Coupez 80 g de génoise en petits morceaux et mettez-les au fond de 4 coupes à dessert. Ajoutez les fruits rouges puis 200 ml de crème anglaise. Terminez par 1 cuillerée de crème fraîche et placez au réfrigérateur jusqu'au moment de servir.

Verrines aux pêches et aux framboises

Pour 4 personnes

150 g de mascarpone

le zeste finement râpé
  et le jus de 1 citron

75 g de sucre + 1 c. à s.

150 ml de crème fleurette entière

400 g de framboises fraîches

4 pêches mûres

- Battez le mascarpone, le zeste et le jus de citron, et le sucre, jusqu'à ce que le mélange soit lisse. Fouettez la crème fleurette, jusqu'à ce que des pointes se forment, et incorporez-la au mascarpone.

- Mixez 1 à 2 minutes ¼ des framboises dans un blender ou un robot, avec 1 cuillerée à soupe de sucre. Versez dans un saladier et incorporez le reste des framboises.

- Pelez et dénoyautez les pêches. Coupez-les en tranches épaisses et mettez la moitié des tranches au fond de 4 coupes à dessert.

- Ajoutez la moitié de la crème sur les pêches puis les framboises. Continuez en alternant les ingrédients en couches successives et en terminant par les framboises. Placez au réfrigérateur jusqu'au moment de servir.

MINUTES

Salade de pêches et de framboises au mascarpone

Pelez, dénoyautez et coupez en tranches 4 pêches mûres. Mettez-les sur un plat avec 200 g de framboises. Fouettez 100 g de mascarpone et 75 ml de crème fraîche, le jus et le zeste de ½ citron et 50 g de sucre. Servez la salade de fruits avec la crème.

MINUTES

Sabayon pêche-framboise

Pelez, dénoyautez et coupez en tranches 3 pêches mûres. Mettez-les dans une poêle, saupoudrez-les de 2 c. à s. de sucre et arrosez de 3 c. à s. de marsala. Faites-les cuire 2 à 3 minutes. Répartissez-les dans 4 coupes à dessert, ajoutez 100 g de framboises et réservez. Fouettez 4 jaunes d'œufs et 75 g de sucre 5 minutes dans un saladier résistant à la chaleur, jusqu'à ce que le mélange blanchisse. Placez le saladier dans un bain-marie à feu doux et fouettez 15 minutes, en ajoutant 150 ml de marsala. Le sabayon est prêt lorsque la préparation a triplé de volume et tient aux branches du fouet. Ne faites pas trop chauffer le sabayon pour éviter qu'il commence à cuire. Versez le sabayon sur les fruits et servez chaud.

30 MINUTES

Verrines rhubarbe-orange-gingembre

Pour 4 personnes

300 g de rhubarbe

30 g de gingembre confit finement haché

50 g de sucre

2 clous de girofle

1 bâton de cannelle

le jus de 1 orange

1 orange pelée à vif et coupée en segments

50 g de mascarpone

100 ml de yaourt nature

- Coupez la rhubarbe en morceaux et mettez-les dans une casserole, avec la moitié du gingembre, le sucre, les clous de girofle, la cannelle et le jus d'orange.

- Faites chauffer à feu vif. Lorsque la préparation arrive à ébullition, baissez le feu, couvrez et faites cuire 4 à 5 minutes, en remuant de temps en temps. Retirez les clous de girofle et la cannelle. Laissez refroidir.

- Répartissez les segments d'orange au fond de 4 grands verres. Fouettez le mascarpone et le yaourt. Alternez des couches de rhubarbe et de crème dans les verres.

- Placez au réfrigérateur jusqu'au moment de servir. Décorez avec le reste du gingembre.

10 MINUTES

Compote de rhubarbe au gingembre Dans une casserole, mettez 500 g de rhubarbe hachée, 4 c. à s. de gingembre confit grossièrement haché, le jus et le zeste finement râpé de 1 orange et 100 g de sucre. Portez à ébullition et faites cuire 3 à 4 minutes, jusqu'à ce que la rhubarbe soit tendre. Servez chaud avec de la glace à la vanille.

20 MINUTES

Crumbles à la rhubarbe et au gingembre Beurrez 4 ramequins de 300 ml chacun et ajoutez 400 g de rhubarbe coupée en morceaux de 2,5 cm. Ajoutez 2 c. à s. de gingembre confit finement haché et 2 c. à c. de sucre. Répartissez dessus 200 ml de crème anglaise prête à l'emploi et réservez. Mélangez 100 g de farine et 75 g de beurre du bout des doigts de façon à former une pâte grumeleuse. Ajoutez 50 g de sucre et répartissez la pâte sur la crème anglaise. Faites cuire 15 minutes dans un four préchauffé à 180 °C, jusqu'à ce que le dessus soit doré.

Fondue au chocolat

Pour 4 personnes

400 g de chocolat noir coupé
   en petits morceaux
25 g de beurre doux
150 ml de crème fleurette entière
50 ml de lait
fraises et chamallows
   pour tremper

- Dans une petite casserole, faites fondre à feu doux le chocolat, le beurre, la crème fleurette et le lait, en remuant de temps en temps. Lorsque le chocolat est lisse et brillant, versez dans un saladier chaud ou un caquelon à fondue.

- Glissez 1 ou 2 fraises et des chamallows sur des piques à cocktail, trempez-les dans le chocolat et mangez-les aussitôt.

Fraises au chocolat Faites fondre 200 g de chocolat noir dans une petite casserole. Chemisez une plaque de cuisson de papier sulfurisé. Trempez 20 fraises aux ²/₃ dans le chocolat. Mettez-les sur la plaque et placez au réfrigérateur pour faire durcir le chocolat.

Croissants au chocolat et aux fraises Chemisez une plaque de cuisson de papier sulfurisé. Coupez 200 g de chocolat noir en carrés. Ouvrez 4 croissants en deux dans le sens de la longueur. Glissez les carrés de chocolat à l'intérieur. Mettez les croissants sur la plaque de cuisson et faites cuire 8 à 10 minutes dans un four préchauffé à 160 °C, pour faire fondre le chocolat. Saupoudrez de sucre glace et servez avec de la glace à la vanille et des fraises.

 **MINUTES**

Ananas caramélisé au rhum

Pour 4 personnes

50 g de beurre

4 c. à s. de sucre

625 g de chair d'ananas coupée
en morceaux de la taille
d'une bouchée

2 à 3 étoiles de badiane

1 bâton de cannelle

2 à 3 c. à s. de rhum brun

crème fraîche ou glace
pour servir

- Faites chauffer le beurre dans une grande poêle, jusqu'à ce qu'il commence à mousser.

- Ajoutez le sucre, l'ananas, la badiane et la cannelle. Faites cuire 5 à 6 minutes à feu vif, en remuant sans cesse, jusqu'à ce que le sucre commence à caraméliser.

- Ajoutez le rhum et mélangez bien. Faites cuire 1 à 2 minutes de plus, puis retirez du feu et servez aussitôt avec de la crème fraîche ou de la glace.

**MINUTES**

Brochettes d'ananas au sucre épicé Pilez dans un mortier 50 g de sucre, 1 c. à c. de cannelle moulue et 1 c. à c. de badiane écrasée. Glissez 500 g d'ananas frais coupé en cubes sur des brochettes en bois. Saupoudrez de sucre épicé et servez avec de la crème fraîche.

30 MINUTES

Ananas poché au rhum épicé Dans une casserole, mettez 625 g d'ananas frais coupé en cubes, 400 ml d'eau, 6 c. à s. de rhum brun, 1 bâton de cannelle, 2 étoiles de badiane, 2 clous de girofle et 150 g de sucre. Portez à ébullition, baissez le feu et faites cuire à feu doux 12 à 15 minutes.

Retirez les épices et laissez refroidir. Servez chaud ou froid, dans des coupes, avec le sirop de cuisson et de la crème fraîche ou de la glace.

30 MINUTES

Tarte aux fruits rouges

Pour 4 personnes

1 pâte feuilletée prête à dérouler

200 ml de crème fleurette entière

1 c. à s. de kirsch

300 g de mûres

200 g de framboises

200 g de myrtilles

sucre glace pour saupoudrer

- Étalez la pâte sur un plan de travail fariné et découpez un disque de 23 cm de diamètre. Posez le disque de pâte sur une plaque de cuisson.

- Avec la pointe d'un couteau, incisez légèrement la pâte à 1,5 cm du bord pour former une bordure.

- Faites cuire la pâte 12 à 15 minutes dans un four préchauffé à 220 °C, jusqu'à ce qu'elle soit gonflée et dorée.

- Sortez la pâte du four et pressez le fond pour former un creux. Laissez refroidir.

- Fouettez la crème fleurette en chantilly, puis ajoutez le kirsch. Répartissez la crème sur la pâte feuilletée.

- Disposez les fruits sur la crème et saupoudrez de sucre glace. Servez aussitôt.

10 MINUTES

Coupes aux fruits rouges, au kirsch et à la crème anglaise

Mélangez 200 g de mûres, 200 g de framboises et 200 g de myrtilles dans un saladier, avec 4 c. à s. de sucre et 2 c. à s. de kirsch. Mettez dans 4 ramequins ou coupes à dessert. Ajoutez 400 ml de crème anglaise prête à l'emploi et saupoudrez de cacao.

20 MINUTES

Crèmes aux fruits rouges et au citron Émiettez 4 sablés dans 4 grands verres. Ajoutez 1 c. à s. de kirsch dans chaque verre. Fouettez 250 ml de crème fleurette entière dans un saladier et ajoutez 4 c. à s. de sucre glace. Incorporez 8 c. à s. de lemon curd et 200 g de fruits rouges légèrement écrasés. Mélangez délicatement pour obtenir un effet marbré. Répartissez la crème dans les verres. Décorez avec 2 c. à s. d'amandes effilées et 1 brin de menthe.

10 MINUTES

Génoise aux fraises

Pour 4 personnes

1 génoise prête à l'emploi de 15 cm de diamètre

150 g de crème fleurette entière

200 g de petites fraises coupées en deux

8 c. à s. de confiture de fraises

sucre glace pour saupoudrer

- Coupez la génoise en deux horizontalement et mettez le fond de la génoise sur un plat.

- Fouettez la crème et étalez-la sur le fond de la génoise avec une spatule.

- Mélangez les fraises et la confiture. Ajoutez-les délicatement sur la crème.

- Couvrez avec l'autre moitié de la génoise, pressez légèrement et saupoudrez de sucre glace. Coupez en parts et servez aussitôt.

20 MINUTES

Yaourt aux fraises et à la rose
Équeutez et hachez grossièrement 300 g de fraises. Mettez-les dans un saladier avec 2 c. à s. d'eau de rose et 6 c. à s. de sucre glace. Mettez 4 tranches de génoise dans 4 coupes à dessert et ajoutez les fraises. Fouettez 400 g de yaourt à la grecque et 8 c. à s. de confiture de fraises, puis ajoutez sur les fraises. Placez au frais jusqu'au moment de servir.

30 MINUTES

Minigénoises Beurrez et recouvrez de papier sulfurisé 8 moules à charnière de 10 cm de diamètre. Posez-les sur une plaque de cuisson. Fouettez 150 g de beurre ramolli et 150 g de sucre jusqu'à ce que le mélange blanchisse. Ajoutez peu à peu 3 œufs battus avec quelques gouttes d'extrait de vanille. Tamisez 150 g de farine avec levure incorporée sur la pâte et incorporez-la délicatement. Répartissez la pâte dans les moules et lissez la surface. Faites cuire 20 minutes dans un four préchauffé à 180 °C, jusqu'à ce que les génoises soient bien gonflées et dorées. Laissez refroidir quelques instants dans les moules, puis démoulez les génoises sur une grille. Laissez refroidir. Fouettez 300 ml de crème fleurette entière et étalez-la sur 4 minigénoises. Ajoutez 2 c. à s. de confiture de fraises et recouvrez des 4 autres minigénoises. Saupoudrez de sucre glace avant de servir.

 **MINUTES**

Trifles aux fruits exotiques

Pour 4 personnes

1 fruit de la passion

2 c. à s. de sucre glace

le jus de 1 orange

4 kiwis

1 mangue

10 à 12 raisins blancs et rouges
sans pépins

4 tranches épaisses de génoise

400 ml de crème anglaise
prête à l'emploi

Pour décorer

100 ml de crème fleurette entière
fouettée

le zeste de 1 orange coupé
en fine julienne

- Coupez le fruit de la passion en deux et mettez les graines dans un saladier. Mélangez le sucre glace et le jus d'orange, puis versez dans le saladier.

- Pelez les kiwis et coupez-les en dés. Pelez la mangue et coupez la chair en dés de 1 cm de côté.

- Mettez les dés de fruits dans le saladier et ajoutez les raisins. Mélangez et placez au réfrigérateur jusqu'au moment de servir.

- Pour assembler les trifles, répartissez la génoise au fond de 4 coupes à dessert. Ajoutez la salade de fruits sur la génoise, puis la crème anglaise.

- Ajoutez 1 cuillerée de crème fouettée sur la crème anglaise et décorez avec le zeste d'orange.

 **MINUTES**

Salade de fruits exotiques

Mettez 1 mangue coupée en dés dans un saladier avec 300 g d'ananas coupé en dés, 4 kiwis pelés et coupés en dés et 200 g de raisins blancs et rouges sans pépins. Ajoutez le jus de 1 orange et 6 c. à s. de sucre glace. Mélangez. Servez avec de la glace.

 **MINUTES**

Tarte aux fruits exotiques

Mettez 200 ml de crème pâtissière prête à l'emploi sur une pâte sablée précuite de 20 cm de diamètre. Coupez en fines tranches 2 mangues mûres pelées et dénoyautées et 2 kiwis pelés. Disposez les tranches de kiwi et de mangue ainsi que 200 g de raisins blancs et rouges sans pépins sur la crème pâtissière. Saupoudrez de sucre glace et servez avec de la crème fouettée.

Cubes de pastèque au citron vert et à la grenadine

Pour 4 personnes

4 c. à s. de grenadine
50 g de sucre
le jus et le zeste finement râpé
   de 1 citron vert + du zeste
   de citron vert pour décorer
100 ml d'eau
1 petite pastèque

- Mettez la grenadine, le sucre, le jus et le zeste de citron vert, et l'eau dans une casserole. Portez à ébullition, baissez le feu et faites cuire 6 à 8 minutes pour obtenir un sirop. Retirez du feu et laissez refroidir.

- Pendant ce temps, coupez la pastèque en deux. Coupez la base de chaque moitié de pastèque.

- Posez les moitiés de pastèque sur une planche à découper et retirez l'écorce en procédant de haut en bas pour obtenir 2 grands cubes.

- Coupez chaque moitié de pastèque en cubes de même taille et mettez-les dans un plat en formant un grand carré.

- Arrosez de sirop à la grenadine, parsemez de zeste de citron vert et servez aussitôt.

10 MINUTES

Cocktail pastèque, citron vert, grenadine Mixez la chair de ½ pastèque dans un blender avec 4 c. à s. de grenadine, 4 c. à s. de sucre, 4 c. à s. de menthe hachée ainsi que le jus et le zeste de 1 citron vert. Remplissez 4 grands verres de glace pilée, versez la pastèque mixée et servez aussitôt.

30 MINUTES

Brochettes de pastèque au sirop de citron vert et de menthe Faites chauffer 200 g de sucre dans une casserole avec 150 ml d'eau et portez à ébullition. Baissez le feu et faites cuire 15 à 20 minutes jusqu'à obtenir un sirop. Retirez du feu et ajoutez le jus et le zeste finement râpé de 1 citron vert et 4 c. à s. de feuilles de menthe finement hachées. Laissez refroidir. Pendant ce temps, coupez la chair de ½ pastèque en cubes et glissez-les sur 8 brochettes en bois. Disposez sur un plat et nappez de sirop. Servez frais ou à température ambiante.

Verrines mûre-pomme-cannelle

Pour 4 personnes

4 c. à c. de flocons d'avoine

8 c. à c. de sucre

250 g de yaourt à la vanille

½ c. à c. de cannelle moulue

1 c. à s. de whisky

400 g de mûres + quelques-unes pour décorer

2 c. à s. de beurre

1 pomme pelée, épépinée et grossièrement râpée

- Faites chauffer une petite poêle à feu moyen et faites revenir les flocons d'avoine 1 minute à sec, puis ajoutez 3 cuillerées à café de sucre.

- Faites dorer 2 à 3 minutes, en remuant. Mettez les flocons d'avoine sur du papier sulfurisé pour les faire refroidir. Mélangez le yaourt, la cannelle, 1 cuillerée à café de sucre et le whisky.

- Incorporez les mûres et écrasez-les légèrement.

- Faites fondre le beurre dans une casserole antiadhésive et faites revenir la pomme à feu vif 3 à 4 minutes. Lorsque la pomme commence à ramollir, ajoutez le reste du sucre et faites cuire, jusqu'à ce qu'elle soit légèrement dorée. Réservez et laissez refroidir.

- Répartissez en couches successives la préparation aux mûres et la pomme caramélisée dans 4 grands verres. Ajoutez des mûres et les flocons d'avoine sur le dessus.

10 MINUTES

Compote de mûres à la cannelle

Faites chauffer 625 g de mûres avec 1 c. à c. de cannelle moulue, 4 c. à s. de sucre et un trait de jus de citron dans une casserole. Portez à ébullition. Faites cuire 5 à 6 minutes, jusqu'à ce que les mûres se défassent. Servez chaud, avec de la glace à la vanille ou du yaourt à la vanille.

30 MINUTES

Crumbles aux mûres et aux pommes Pelez et épépinez 625 g de pommes, puis coupez-les en dés. Pressez le jus de ½ citron sur les pommes et mélangez. Mettez les pommes, 200 g de mûres et 175 g de sucre de canne dans 4 ramequins de 300 ml chacun. Pour la pâte à crumble, mélangez 250 g de beurre et 250 g de farine du bout des doigts pour obtenir une pâte grumeleuse. Ajoutez 125 g de muesli et 50 g de sucre roux. Mélangez. Répartissez la pâte à crumble sur les fruits. Faites cuire 20 minutes dans un four préchauffé à 200 °C, jusqu'à ce que les fruits soient cuits et que le jus commence à couler à travers la pâte. Laissez refroidir quelques minutes et servez avec de la crème anglaise ou de la crème fraîche.

Gâteau roulé au chocolat et aux framboises

Pour 4 personnes

beurre pour le moule

100 g de chocolat noir coupé en carrés

4 gros œufs, blancs et jaunes séparés

100 g de sucre

50 g de farine avec levure incorporée

300 ml de crème fleurette entière

300 g de framboises + un peu pour décorer

cacao amer en poudre pour saupoudrer

- Beurrez un moule de 30 x 23 cm et tapissez-le de papier sulfurisé.

- Faites fondre le chocolat au bain-marie.

- Dans un saladier, fouettez le sucre et les jaunes d'œufs, jusqu'à ce que le mélange blanchisse. Incorporez le chocolat fondu et la farine. Dans un autre saladier, montez les blancs en neige. Incorporez-les délicatement à la pâte.

- Versez la pâte dans le moule et remuez-le pour étaler la pâte de manière uniforme. Faites cuire 15 à 20 minutes dans un four préchauffé à 180 °C, jusqu'à ce que le biscuit soit légèrement gonflé et ferme au toucher.

- Retournez délicatement le biscuit sur du papier sulfurisé. Retirez le papier collé au dos du biscuit. Roulez le biscuit dans le papier sulfurisé.

- Fouettez la crème et incorporez les framboises.

- Déroulez le biscuit et étalez dessus la crème aux framboises en laissant une bordure. Roulez le biscuit sur la garniture (ce n'est pas grave s'il se fissure). Saupoudrez de cacao amer et décorez de framboises. Servez aussitôt.

10 MINUTES

Carrés gourmands au chocolat et aux framboises

Fouettez 50 ml de crème fleurette entière et étalez-la sur 4 brownies prêts à l'emploi. Recouvrez chacun de 10 à 12 framboises, saupoudrez de sucre glace et servez aussitôt.

20 MINUTES

Soufflés au chocolat et aux framboises Beurrez 4 ramequins moyens. Faites fondre 200 g de chocolat noir et 150 g de beurre au bain-marie ou au micro-ondes. Fouettez 4 œufs avec 150 g de sucre, jusqu'à ce que le mélange blanchisse. Incorporez 100 g de farine tamisée puis le chocolat fondu. Répartissez la pâte dans les ramequins et faites cuire 8 à 12 minutes dans un four préchauffé à 180 °C. Les soufflés doivent former une croûte sur le dessus mais être encore légèrement coulants au centre. Servez chaque soufflé avec 1 poignée de framboises et de la crème fraîche.

Beignets de bananes
au citron vert et à la noix de coco

Pour 4 personnes

le jus de 2 citrons verts
6 c. à s. de sucre
4 bananes coupées
   en 3 ou 4 morceaux
200 g de fécule de maïs
100 g de farine avec levure
   incorporée
3 c. à s. de noix de coco râpée
3 gros jaunes d'œufs
75 ml d'eau pétillante glacée
huile de friture
sucre glace pour saupoudrer
miel liquide pour arroser

- Mélangez le jus de citron vert et le sucre dans un saladier. Ajoutez les bananes et mélangez pour bien les recouvrir.

- Mettez la moitié de la fécule de maïs dans une assiette et roulez les morceaux de banane dedans. Tamisez le reste de la fécule et la farine dans un saladier, et incorporez la noix de coco.

- Fouettez les jaunes d'œufs et l'eau pétillante dans un autre saladier. Ajoutez la farine et fouettez pour obtenir une pâte épaisse.

- Remplissez une casserole moyenne aux ¾ d'huile de friture. Faites chauffer l'huile à 180 °C (un morceau de pain plongé dans l'huile dore en 10 à 15 secondes).

- Plongez les bananes dans la pâte puis faites-les frire par petites quantités 1 à 2 minutes. Retirez-les délicatement avec une écumoire et faites-les égoutter sur du papier absorbant. Réservez sur une assiette dans le four préchauffé à 150 °C.

- Pour servir, saupoudrez les beignets de sucre glace et arrosez-les de miel.

10 MINUTES

Fraises au Cointreau, au citron vert et à la noix de coco Dans un saladier, mélangez 2 c. à s. de sucre, 2 c. à s. de Cointreau (ou un autre alcool à l'orange) et le jus de ½ citron vert. Ajoutez 200 g de noix de coco râpée et 200 g de fraises hachées. Mélangez.

20 MINUTES

Riz au lait de coco et au citron vert Faites chauffer 200 ml de crème de coco, 100 ml de lait de coco, 150 g de sucre et le zeste râpé de 2 citrons verts dans une casserole. Portez à ébullition et ajoutez 250 g de riz basmati cuit. Faites cuire 4 à 5 minutes pour faire épaissir. Répartissez dans des bols et décorez de brins de menthe.

 **MINUTES**

Cheesecakes aux fruits rouges

Pour 4 personnes

25 g de beurre

1 c. à s. de golden syrup
   ou de miel liquide

125 g de sablés

Pour la garniture

200 g de fruits rouges
   + quelques-uns pour décorer

175 g de cream cheese,
   type Philadelphia

100 g de sucre

le jus et le zeste râpé de 1 citron

½ c. à c. d'extrait de vanille

2 c. à s. d'eau

½ sachet de gélatine en poudre

250 ml de crème fleurette entière

feuilles de menthe pour décorer

- Dans une casserole, faites fondre le beurre et le golden syrup ou le miel, à feu moyen. Mixez les biscuits dans un robot ou écrasez-les et ajoutez-les dans la casserole. Mixez les fruits rouges dans un robot puis passez le coulis pour retirer les pépins.

- Répartissez la préparation à base de biscuits dans 4 moules à manqué de 10 cm de diamètre en pressant bien. Placez-les au réfrigérateur sur une plaque.

- Fouettez le cream cheese, le sucre, le zeste et le jus de citron, et l'extrait de vanille. Mélangez la gélatine et 2 cuillerées à soupe d'eau dans un bol et faites chauffer 30 secondes au micro-ondes. Ajoutez un peu de cream cheese et mélangez. Ajoutez la gélatine au reste du cream cheese et mélangez.

- Fouettez la crème en chantilly et incorporez-la au fromage frais. Ajoutez les fruits rouges mixés, en formant une spirale, pour créer un effet marbré. Versez dans les moules et égalisez avec une spatule. Placez au frais jusqu'au moment de servir.

- Démoulez, en glissant un couteau entre le moule et le gâteau. Décorez de fruits rouges et de feuilles de menthe.

 **MINUTES**

Coupes au chocolat et aux fruits rouges Faites fondre 75 g de chocolat noir dans une casserole et incorporez 150 g de fruits rouges frais mixés. Versez dans 4 coupes à dessert. Dans un saladier, fouettez 200 g de cream cheese, avec 3 c. à s. de cognac et 25 g de sucre. Répartissez le fromage frais dans les coupes. Servez frais ou à température ambiante.

MINUTES

Cheesecakes meringués aux fruits rouges Fouettez 200 g de cream cheese avec 50 g de sucre glace et quelques gouttes d'extrait de vanille. Incorporez 300 g d'un mélange de fruits rouges frais. Répartissez le tout dans 8 meringues en forme de nid. Faites fondre 50 g de chocolat noir dans une casserole et nappez les meringues. Servez aussitôt.

10 MINUTES

Carpaccio de mangues à la menthe

Pour 4 personnes

6 c. à s. de sucre roux

le jus et le zeste finement râpé
de 1 citron vert

2 c. à s. de feuilles de menthe
finement hachées
+ quelques-unes pour décorer

6 à 8 c. à s. d'eau

4 mangues mûres et fermes

glace à la vanille pour servir
(facultatif)

- Mettez le sucre dans une petite casserole, avec le zeste et le jus de citron vert, la menthe et l'eau. Portez à ébullition, puis retirez du feu. Mélangez pour faire fondre le sucre. Laissez refroidir.

- Pendant ce temps, coupez les mangues en deux, en glissant un couteau pointu autour du noyau pour le détacher. Pelez les mangues et coupez-les en tranches le plus fines possible.

- Disposez les tranches de mangue sur 4 assiettes et arrosez de sirop.

- Servez avec de la glace à la vanille, si vous le souhaitez, et décorez de feuilles de menthe.

20 MINUTES

Mangues caramélisées au citron vert Faites fondre 75 g de sucre dans une poêle à feu moyen. Lorsque le sucre est doré, ajoutez 50 g de beurre et les grosses tranches de 2 mangues. Faites cuire 5 à 6 minutes pour enrober la mangue de caramel. Ajoutez le zeste finement râpé et le jus de 1 citron vert. Faites cuire 2 minutes. Servez chaud, décoré de feuilles de menthe, avec de la glace à la vanille.

30 MINUTES

Mangues grillées et sirop au citron vert et à la menthe Faites fondre 200 g de sucre dans une casserole à feu moyen jusqu'à ce qu'il fonce. Retirez du feu et ajoutez avec précaution 100 ml de jus de citron vert et 4 c. à s. de menthe hachée. Remettez sur le feu et mélangez, jusqu'à ce que le caramel fonde de nouveau. Laissez refroidir. Fouettez 250 g de mascarpone, 150 ml de crème de coco et 3 c. à s. de sucre glace. Placez la crème au réfrigérateur. Coupez 4 mangues mûres en deux en contournant le noyau. Saupoudrez 2 c. à s. de sucre sur la chair des mangues et secouez pour retirer l'excès. Faites-les griller 4 à 5 minutes dans une poêle-gril antiadhésive. Disposez les mangues sur une assiette en plaçant le côté grillé vers le haut. Servez avec la crème et nappez de sirop.

Index

Les numéros de pages en *italique* renvoient aux photos.

MESURES LIQUIDES

Système impérial	Système métrique
¼ tasse	65 ml
⅓ tasse	85 ml
½ tasse	125 ml
¾ tasse	190 ml
1 tasse	250 ml

CHALEURS DU FOUR

Degrés F	Degrés C
250 °F	120 °C
300 °F	150 °C
350 °F	180 °C
400 °F	200 °C
450 °F	230 °C

MESURES D'ALIMENTS SECS

Farine	1 tasse = 115 g
Sucre	1 tasse = 225 g
Cassonade	1 tasse = 200 g
Beurre	1 tasse = 225 g
Riz	1 tasse = 210 g

Les cuillerées à soupe et à café utilisées
dans nos recettes correspondent
aux volumes suivants :
1 c. à s. = 15 ml
1 c. à c. = 5 ml

Remerciements

Édition : Eleanor Maxfield
Responsable éditorial : Leanne Bryan
Préparation de copie : Nikki Sims
Directeur artistique : Jonathan Christie
Maquette : www.gradedesign.com
Direction artistique : Juliette Norsworthy & Marc Kan
Photographies : Will Heap
Contrôle de gestion : Sunil Vijayakar
Stylisme : Isabel De Cordova
Fabrication : Katherine Hockley

ISBN : 978-2-501-07723-1
Dépôt légal : avril 2012
41.1779.2/02
Achevé d'imprimer en Espagne par Cayfosa